U0626905

重温儒家经典 让《论语》指导现实人生

国学经典

《论语》全解

李 楠／主编

辽海出版社

【第六卷】

《论语》全解编委会

前　言

在我国东周时期，周王室东迁后日益衰微，逐渐丧失了宗主地位，各个诸侯为了争夺霸主地位，开始了长期的兼并战争。

在这期间，鲁国的孔子面对"礼崩乐坏"的社会现实，痛心疾首。为了建立一种新的秩序和规则，他决心恢复周公建立的礼乐制度，提出"克己复礼"的主张，并用"仁"对"礼"进行改造，提出并完善了"仁学"理论。

孔子认为，"仁"就是"爱人"，就是对人要尊重、关心和体谅。"仁"既是每个人必备的修养，又是治国平天下必须遵循的原则。

孔子把孝悌看成"仁"的根本，他把"仁"运用到政治领域，就是重视人民，关心百姓的疾苦，就是"德治"。为了实践"仁"，孔子十分重视"礼"，主张克制自己，使自己的言论行为都符合礼的要求。

有一天，孔子的学生子贡向孔子请教："老师，什么是仁？如何做到仁？"

孔子回答："克制自己，恢复周礼，就是仁；以周礼为标准，时时处处严格要求自己，使自己的言行符合周礼，就是做到仁了！"

为了实现自己的这一政治主张，孔子经过了长达 15 年在各诸侯国的游说。然而，由于当时各诸侯国都忙于争霸，并没有谁采纳他以"仁"治国的政治主张。

颠沛流离十几年后，年近 70 岁的孔子在并未实现自己政治主张的情况下，回到鲁国，专事讲学和历史文献的整理，并把自己的政治主张和思想抱负倾注于笔端，成为我国历史上私学的开山鼻祖，开创了影响我国知识分子 2000 多年的儒家学派。

孔子一生从事教育事业达 40 多年之久，门生众多。据史料记载孔子弟子有 3000 人，其中才华出众、品德优良者 72 人。

孔子去世后，他的主要弟子及其再传弟子将孔子的言行整理成书，书名叫《论语》，内容包括孔子谈话、孔子答弟子问、弟子之间的相互讨论以及弟子对孔子的回忆等，集中体现了孔子的政治主张、论理思想、道德观念及教育原则等。

《论语》作为一部涉及人类生活诸多方面的儒家经典著作，许多篇章谈到做人的问题。

孔子认为，一个人要正直，只有正直才能光明磊落，只有心中坦荡，做事才没有担忧。

做人要重视"仁德"，这是孔子在做人问题上强调最多的问题之一。在孔子看来，仁德是做人的根本，是处于第一位的。孔子还认为，只有仁德的人才能无私地对待别人，才能得到人们的称颂。

孔子提出仁德的标准，这就是刚强、果断、质朴、语言谦虚的人接近于仁德。同时他还提出实践仁德的 5 项标准，即："恭、宽、信、敏、惠"，即恭谨、宽厚、信实、勤敏、慈惠。他说，对人恭谨就不会招致侮辱，待人宽厚就会得到大家拥护，交往信实别人就会信任，做事勤敏就会取得成功，给人慈惠就能够很好使唤民众。孔子说能实行这五种美德者，就可算是仁了。

孔子强调做人还要重视全面发展。他说："志于道，据于德，依于仁，游于艺。"意思是说，志向在于道，根据在于德，凭借在于仁，活动在于"六艺"，即礼、乐、射、御、书、数。只有这样，才能真正地做人。

《论语》成书于战国初期，自古以来就是我国首选的启蒙读物，是我们中华民族古往今来的"同一本书"，共同的话题，共同的语言，共同的思维之道和共同的价值观。

《论语》作为一部涉及生活诸多方面的儒家经典著作，语言简洁精炼，含义深刻，具有深刻的内涵，对我们广大读者具有极大的借鉴意义。

《论语》是研究孔子思想的主要资料。一部《论语》，将孔子及其门生有限生命融到无尽的历史中，创造了我国古代光辉的人文主义精神，被后人誉为"天不生仲尼，如万古长夜"，"半部《论语》治天下"。

《论语》作为国学经典，是我们中华民族五千年的文化精髓，其中蕴涵着丰富而深刻的人生智慧和处世哲理，是经过千百年的历史洗礼和多少代人实践检验过的，是我们广大读者学习的必备精神食粮。我们广大读者阅读《论语》，能够秉承仁义精神，学会谦和待人、谨慎待己、勤学好问等优良品行，使我们成为内外兼修的未来精英。

我们广大读者阅读《论语》，就如同师从贤哲。阅读圣贤之书，与圣贤为伍，是我们精神获得高尚和超越的最高境界。

在如今社会处于转型的时期，充斥着各种各样所谓的现代文化，良莠不齐，纷繁杂芜，作为我们广大读者，应该慎重从文化杂烩中精挑细选最好的、最纯的、最精的文化知识进行学习，以便促进我们健康发展，那么《论语》就是我们最佳的选择。

作为国学经典的《论语》，并非陈旧过时，可以说能够适应任何时代的需要，且不同的时代都可以进行新的解读，都有时代的新意。我们要古为今用，活学活用，在新的时代推陈出新，进行新的解读，赋予新的内涵，不断发扬新的精神。

为此，我们特别编撰了这套《论语》读本，主要是根据广大读者学习吸收的特点，在忠实原著基础上，除了配备原文外，还增设了简单明白的注释和白话新解，同时还配有相应启迪故事和精美图片等，图文并茂，生动形象，非常易于阅读和理解，是广大读者学习《论语》的最佳读物，相信大家从中会获得新的感受和新的意蕴。

目 录

《论语》全解

目

录

目 录

赫赫杰出战神白起

公元前 294 年，秦昭襄王任命白起为左庶长，率军攻打韩国的新城。第二年，白起升任左更并出任主将。同年，韩、魏两国联军进驻伊阙与秦军对峙。

在抗击韩、魏两国联军的战争中，秦国方面兵力不及韩、魏联军的一半。联军方面韩军势单力薄，希望魏军主动进攻，而魏军倚仗韩军精锐，想让韩军打头阵。

秦军主将白起利用韩、魏两国联军想保存实力、互相推诿、不肯先战的弱点，先设疑兵牵制韩军主力，然后集中兵力出其不意猛攻魏军。

魏军的战败，致使韩军溃败而逃。秦军乘胜追击，取得大胜。

在伊阙之战，秦军共斩首 24 万，占领 5 座城池。魏军主将公孙喜被俘后遭处决。白起因功升任国尉。

稍后，白起趁韩、魏两国在伊阙之战惨败之机，率兵渡过黄河，夺取了安邑至干河的大片土地。

公元前 292 年，白起升任大良造，率军攻打魏国，夺取魏城；攻下垣邑，但没有占领。

公元前 291 年，白起率军攻打韩国，夺取了宛、叶。公元前 289 年，白起率军夺取了蒲阪、皮氏等魏国大小城池 61 座。

公元前 282 年，白起率军攻打赵国，夺取了兹氏和祁。次年，又夺取了蔺和离石。

公元前 280 年，白起再次攻打赵国，夺取了代和光狼城。

这时，白起在分析了秦楚两国形势后，决定采取直接进攻楚国统治中心地区的战略，于公元前 279 年率军沿汉水东下，攻取沿岸重镇。

白起命秦军拆除桥梁，烧毁船只，自断归路，以此表示决一死战的信心，并在沿途寻找食物，补充军粮。而楚军因在本土作战，将士只关心自己的家庭，没有斗志，因而无法抵挡秦军的猛攻，节节败退。

秦军长驱直入，迅速攻取汉水流域要地邓城，直抵楚国别都鄢城。鄢城距离楚国国都郢很近，楚国集结重兵于此，阻止秦军南下。

就在秦军久攻不下之时，白起利用蛮河河水从西山长谷自城西流向城东的有利条件，在鄢城一里处筑堤蓄水，修筑长渠直达鄢城，然后开渠灌城。经河水浸泡的鄢城东北角溃破，城中军民淹死数十万人。

攻克邓、鄢城后，白起又率军攻占西陵。随后不久，白起随秦昭襄王参加了渑池之会。

公元前278年，白起再次出兵攻打楚国，攻陷楚国国都郢，烧毁其先王陵墓夷陵，向东进兵至竟陵，楚顷襄王被迫迁都于陈。

此战秦国占领了楚国洞庭湖周围的水泽地带、长江以南以及北到安陆的大片土地，并在此设立南郡。白起因功受封为武安君。

公元前277年，秦昭襄王任命白起为主将、蜀郡郡守张若为副将，夺取

了楚国的巫郡和黔中郡。在春申君的调解下，秦昭襄王才与楚国结盟休战。

公元前 262 年，秦军向东进攻，赵王派老将廉颇镇守长平。秦军不断挑战，廉颇坚守不出，双方长久相持。秦军散布廉颇要谋反的谣言，目的是让赵王换掉廉颇。赵王果然上当，派赵括来代替廉颇。

赵括只懂得纸上谈兵，没有多少实战的经验，轻敌出击。秦国大将领白起设伏兵包围赵括军队，并截断赵军粮道。秦昭襄王亲至河内，悉发成年男子到长平助战。赵军被围困 46 天，粮草断绝，拼死突围，赵括被射死，白起坑杀赵降兵 40 余万。

这场战争由于秦取得全胜，由其统一的形势已不可逆转，从此急转直下。长平之役，标志着以列国林立、兼并战争频仍为时代特征的战国一代行将终结，一个史无前例的中央集权大帝国就要来临了。

后来，白起因主张放弃攻打赵国，与秦昭襄王意见相左。秦昭襄王不听从白起的劝告，于公元前 258 年派兵攻打邯郸。赵国军民奋起反抗，秦军主将阵亡，最后也没有取得什么成果。

此时，秦昭襄王又派人动员白起说："现在赵国士兵死于长平之战的有十分之七八，赵国虚弱，希望您能领兵出战，一定能消灭赵国。您以少敌多，都能大获全胜，更何况现在是以强攻弱，以多攻少呢？"

白起说："秦国在长平大败赵军，不趁赵国恐慌时灭掉它，反而坐失良机，让赵国得到时间休养生息，恢复国力。现在赵国军民上下一心，上下协力。如果攻打赵国，赵国必定拼死坚守；如果向赵军挑战，他们必定不出战；包围其国都邯郸，必然不可能取胜；攻打赵国其他的城邑，必然不可能攻下；掠夺赵国的郊野，必然一无所获。我只看到攻打赵国的危害，没有看到有利之处。"白起从此称病不起。

秦昭襄王听到派去的人回来汇报，极为震怒，说："没有白起我就不能消灭赵国吗？"

躬行君子，吾未之有

于是发兵攻打赵国。结果秦军包围赵都邯郸八九个月，死伤人数很多，也没有攻下。

赵军不断派出轻兵锐卒，袭击秦军的后路，秦军损失很大。这时白起说："秦王不听我的意见，现在怎么样了？"

秦昭襄王得知后大怒，亲自去见白起，强迫他前去赴任。

白起叩头对秦王说："我知道出战不会取得成功，但可以免于获罪；不出战虽然没有罪过，却不免会被处死。希望大王能够接受我的建议，放弃攻打赵国，在国内养精蓄锐等待诸侯内部产生变故后再逐个击破。"

秦昭襄王听后转身而去。

秦昭襄王免去了白起的官爵，将其贬为普通士卒，命其离开咸阳。但白起患病，没有立即动身。过了3个月，前方秦军战败的消息接踵而来，秦昭襄王更加愤怒，于是驱逐白起。

白起走出咸阳西门10里，接到秦昭襄王派使者赐给他的一把剑，命他自尽。

白起仰天长叹道："我到底有什么过错竟落得这般结果？"

过了一会儿又说，"我本来就该死。长平之战赵国投降的士兵有几十万人，我用欺诈之术把他们全都活埋了，这足够死罪了。"

白起随后自杀。白起被赐死后，秦国人都同情他有功无罪而死，大小城邑都祭祀他并自发在咸阳为其修建祠堂。至秦朝建立后，封其子白仲于太原，白起的后代子孙世代为太原人。

后人总结出白起作战有4个特点：一是不以攻城夺地为唯一目标，而是以歼敌有生力量作为主要目的的歼灭战思想，而且善于野战进攻，战必求歼。这是白起最为突出的特点。

二是为达到歼灭敌人的目的，强调对敌人穷追猛打，较孙武的"穷寇勿追"及商鞅的大战胜利后追残敌不过10里，显然前进一步。

三是重视野战筑垒工事，先诱敌军脱离设垒阵地，再在预期歼敌地区筑垒阻敌，并防其突围。此种以筑垒工事作为进攻辅助手段的作战指导思想，在当时是前所未有的。

四是精确进行战前料算，不论敌我双方军事、政治、国家态势甚至第三方采取的应对手段等皆有精确料算，无一不中，能未战即知胜败。故而司马迁称赞白起为"料敌合变，出奇无穷，声震天下"。

白起是我国历史上战功最辉煌的将军，战国时期最为显赫的大将，征战沙场 35 年。

《史记·范睢蔡泽列传》中说，因为白起的存在，六国不敢攻秦。一个将领到了这样的一种地步，这在战争史上是很少见的。他为秦国的统一大业立下了举世之功。

太史慈守信誉赴约

东汉时期的孙策，在神亭岭与一敌将太史慈相斗，最后还是双方兵马上来把二人分别救了回去。

后来，在芜湖山中，孙策用埋伏的计策把太史慈抓获。他十分赞赏太史慈的武艺，就主动给太史慈松绑。太史慈十分感动，表示愿意投降。

太史慈向孙策说："我们那边已是士卒离心，如果四散去了，恐怕不好收复。我想回去把他们都招拢来，投到你的帐下效力，不知道你能不能相信我。"

孙策一听，站起来谢道："我怎么会不相信你呢，咱们以明天午时为期，到时我在辕门外等你就是了。"

不想太史慈一走，众人都担心起来。有人对孙策说："太史慈一去，恐怕不会再回来了。"

孙策摇头道："太史慈是青州名士，一贯重义气，绝不会欺骗我的。"

第二天，孙策带领众将来到辕门外，把一根竹竿立了起来，对众人说："我与太史慈约定是中午相会，你们看着竹竿的日影吧！"

刚好，竹竿的影子指到中午的时刻，太史慈领着兵马来了。众人一见，暗赞太史慈是个言而有信的君子。

廉范无私义薄云天

在儒家义利思想中，家庭和谐与为人民谋幸福是其重要的组成部分。一个人能够为此救危急，赴险厄，当属大义壮实。廉范就是这样的人。

廉范，东汉时期京兆杜陵人，是战国时期赵国将军廉颇的后人。他凡事以大义为重，无愧于先祖。

廉范15岁时，其父在巴蜀地区死于战乱。廉范惊闻噩耗，痛不欲生，他小小年纪就告别母亲，只身前往巴蜀去接父亲的灵柩。

蜀郡太守张穆，是廉范的祖父廉丹的老部下，听说了这件事，就送给廉范许多财物。廉范没有接受父亲故友的赞助，决定背着灵柩徒步回乡。张穆就让自己的门客护送。

在途中，廉范所乘的船碰到礁石沉没，廉范抱着灵柩一起沉到水中。一船的人被廉范的孝心感动，忙用竹竿把他搭救上来，才幸免于死。

张穆听说以后，又派人骑着快马，带着先前送给廉范的财物去追赶，但廉范还是坚决推辞。张穆颇为感慨。

廉范背着父亲的灵柩回到故乡，安葬了父亲，又守孝3年。然后，前往京城拜师博士薛汉，进行学习。在薛汉门下，廉范学业日益精进，掌握了很多知识。当时的京兆、陇西两郡都请他做官，他热衷学业，就没有接受。

汉明帝初期，陇西太守邓融准备了一份厚礼，征聘廉范为功曹，但邓融忽遭上级审查。廉范知道邓融不好解脱，就暗自盘算，打算以自己的能力救他，于是托病离开了邓融。邓融不明缘由心中不免怨恨。

廉范离开邓融后到了洛阳，更名改姓，请求担任廷尉的狱卒。不久，邓融被押解到洛阳关在监狱，廉范于是得以在他身边侍奉，尽心尽力，非常勤劳。

邓融奇怪这个狱卒长得像廉范，于是试探着问道："你长得和我从前的一个部下很像。"

廉范为了掩饰，就故意提高声音斥责道："我看你是因为困窘看花眼了！"从此不再跟他说话。

廉范在邓融因病被押解出去养病时，就一直跟随着探视，找机会近前伺候。后来直至邓融病死，他都没有说明自己的真实身份，并亲自赶车送邓融的灵柩到他的家乡南阳，安葬完毕才离开。

廉范后来被征聘到公府，恰逢京城博士薛汉因为楚王的案子被判死罪，他的故人、门生都不敢探视。这时，廉范义无反顾，前去给自己的老师薛汉收殓尸体，妥为安葬。

这件事被公府官吏告诉了汉显宗皇帝，汉显宗大怒，召廉范入宫，质问并斥责他说："薛汉和楚王一同密谋，惑乱天下，你是朝廷的官员，不和朝廷保持一致，反而替罪犯收殓，为什么？"

躬行君子，吾未之有

廉范叩头说："我愚蠢粗鲁，认为薛汉等人都已认罪被处死，但实在忍不住师生的情谊，罪该万死，请皇上罚我吧！"

汉显宗怒气稍息，又问廉范说："你是廉颇的后代吗？和右将军廉褒、大司马廉丹有没有亲缘关系？"

廉范回答说："廉褒，是我的曾祖父；廉丹，是我的祖父。"

皇帝说："难怪你有胆子敢这么做！"并赏赐他。

不久，廉范被推荐为秀才，几个月后，升任为云中太守。恰逢匈奴大举进兵入关，烽火连天。按照旧例，敌人超过5000人，就应该写信给邻郡求救。部下们打算写信求救，廉范没有采纳，亲自率领士卒抵挡。

当时匈奴的兵力很多，廉范的军队首战不利。于是，廉范调整策略，决定智取。

这天傍晚，廉范让每个士兵各自绑两个火把，举在头上。一时间，军营中无数亮光闪烁，就像繁星。匈奴人远远看到火光很多，以为汉军援兵来了，大为震惊，准备逃跑。

廉范犒劳士兵，抓住战机，在早晨冲杀。匈奴兵自相践踏，损失惨重。从此，匈奴不敢再侵犯云中地区。

廉范后来历任武威、武都两郡的太守。他根据当地风俗，教化训导百姓，很有政绩。汉章帝初期，廉范改任蜀郡太守。蜀郡的人喜欢争论，好互相评论好坏。廉范不接受别人在他耳边说坏话，还常常用纯朴厚实的道德观念训导他们。

在当时，蜀郡很多地方的房屋之间很窄，从前的条令禁止百姓晚上活动，防止火灾，但是百姓偷偷地活动，火灾每天都会发生。于是，廉范废除原来的法令，但严格要求百姓储存足够的水，以备火灾之用。百姓自由出入，感到比以前方便了很多。

廉范体察民情，治郡有方，老百姓就用《五绔歌》来歌颂他的功绩。歌中唱道："廉叔度，来何暮？不禁火，民安作。昔无襦，今五袴。"后一句的意思是，以前连短衣服都没有，现在连裤子都有五条了。可见人民富足。后来人们用《五袴歌》作为称颂地方官吏施行善政之词。

汉肃宗驾崩时，廉范到敬陵奔丧。当时庐江郡的官员严麟奉命吊丧，和廉范在路上相遇。严麟乘坐马车，路上泥水太深，马被陷死，严麟不能赶路。廉范马上命令跟随他的人下马，把马让给严麟，但没告诉严麟自己的姓名就走了。

严麟奔丧回来，想把马奉还，但不知道马是谁的，就沿路寻访。有人对严麟说："蜀郡太守廉范，喜欢帮助危难贫穷的人。皇帝驾崩，能够不辞劳苦去奔丧的，估计只有他了。"

严麟平时也听说过廉范的名声，听人这样一说，也确定就是廉范帮助了自己。于是牵着马登门拜访，归还马匹并深表感谢。

廉范一生都在边境做官，广泛开垦田地，囤积粮食财物，改善了当地人民的生活。他临终前留下遗嘱，把绝大部分家产送给了宗族和朋友。

廉范秉义而行，不计私利，确为君子之道。不仅在两汉时期树立了权衡义利的样板，博得了很响的义名，后世的人们提起廉范，也都佩服他的仁义精神。

躬行君子，吾未之有

君子坦荡荡

子曰："奢则不孙，俭则固；与其不孙也，宁固。"

子曰："君子坦荡荡①，小人长戚戚②。"

子曰："恭而无礼则劳，慎而无礼则葸③，勇而无礼则乱，直而无礼则绞④。君子笃⑤于亲，则民兴于仁，故旧不遗，则民不偷⑥。"

【注释】

①坦荡荡：心胸宽广、开阔。

②长戚戚：经常忧愁、烦恼的样子。

③葸：xǐ，拘谨，畏惧的样子。

④绞：说话尖刻，出口伤人。

⑤笃：厚待、真诚。

⑥偷：淡薄。

【解释】

孔子说："奢侈了就会越礼，节俭了就会寒酸。与其越礼，宁可寒酸。"

孔子说："君子心胸宽广，小人经常忧愁。"

孔子说："只是恭敬而不以礼来指导，就会劳倦；只是谨慎而不以礼来指导，就会畏缩拘谨；只是勇猛而不以礼来指导，就会说话尖刻。在上位的人如果厚待自己的亲属，老百姓当中就会兴起仁的风气；君子如果不遗弃老朋友，老百姓就不会对人冷漠无情了。"

【故事】

千古一帝秦始皇

公元前 247 年，秦庄襄王嬴楚去世，13 岁的嬴政被立为秦王。在政权更迭之际，身居相位的吕不韦，竟然参与朝廷内部势力的叛乱活动，秦王政果断免去了他的相位，将他逐出封地，最后迫使他饮毒酒自杀。

秦王政是个有远大抱负的人，在做秦王之初，他就广纳人才，并积极听取他们的意见。比如他采纳了李斯"统一六国"的政治主张，又实行了张仪"连横"的外交策略。

由于秦王政采取了英明决策，秦国日渐强大，从此走上了吞并六国，统一天下的道路。

公元前 227 年，秦王嬴政派秦国战将王翦、辛胜大举进攻燕国，在易水之西打败了燕国代国联军。第二年，嬴政又征调大军支援王翦，打败了燕军，攻陷燕都蓟城，燕王逃向辽东。后被秦将李信追杀。此后，秦王嬴政又先后灭掉了魏国、楚国、齐国、燕国等六国，至公元前 221 年，秦王嬴政终于完成了统一大业。

秦王嬴政统一天下后，参照秦国以前的制度，在政治、经济、文化等领域实行全面改革。

秦国群臣认为秦王平定天下，功业空前，远超三皇五帝。嬴政也觉得自己功盖三皇五帝，决定从"三皇""五帝"中各取一个字，取号为"皇帝"，

其尊号为"秦皇",因为他是第一位真正的皇帝,后人就称他为"秦始皇"。

秦始皇又采纳了李斯的意见,把天下划分为36郡,郡以下设县。

他又在中央朝廷里设置丞相、御史大夫、太尉、廷尉、治粟内史等重要的官职协助他治理国家。所有这些官员都归他任免和调动,一概不得世袭。国家政事,不论大小都由他决定。

秦始皇还把原六国的兵器全都收缴到京城咸阳来,回炉熔铸成12个大铜人和许多铜器,并把铜人和铜器立在咸阳宫殿前面的两边,象征着秦始皇灭亡六国统一中原。

秦始皇还以圆形方孔、每个重半两的钱作为全国统一的货币。他下令规定了统一的度量衡,如尺寸、升斗、斤两等。还下令统一文字,规定用一种叫作小篆的字体,作为全国统一使用的标准文字。通过统一文字,各地的文化交流就方便多了。

秦始皇统一天下之后,北方匈奴势力对秦王朝构成了严重威胁。为了保证中原地区的安定,秦始皇派遣大将蒙恬率兵30万,北攻匈奴,攻取了北方许多地方。并在北方设置了34个县。

公元前211年,秦始皇又从中原地区迁移3万多户人家到北方垦荒种植,推动了北方经济的发展,维护了边关的稳定。

接着，秦始皇便开始大范围地修筑长城。他在秦、赵、燕三国长城原有的基础上，加以连接和修补，构筑了西起陇西临洮和东至鸭绿江，长度达万余里的长城。这就是后来举世闻名的万里长城。

秦始皇总认为自己功盖三皇五帝，认为自己应该长生不老。所以，他不断地外出巡游，寻求能长生不老的仙药。

公元前 210 年，秦始皇开始了他的最后一次巡游。他从咸阳出发，首先来到南方的云梦一带，在九疑山祭祀了虞舜。然后便顺江东下，由丹阳登陆，来到钱塘，绕道 120 里渡江登上会稽山，在山上祭祀了大禹。

祭罢大禹，秦始皇在会稽山刻石留念，然后下山，经吴中北上。秦始皇一行从江乘渡江，一直沿着海边向北，又来到琅琊。他总想能在海边有所收获，遇见仙人或得到仙药，所以一直靠着海岸走，然而仍一无所获。

秦始皇求仙无望，便决定返回咸阳，在途中病倒了。

于是秦始皇和随从一路疾驰，准备赶回咸阳，不料到了沙丘，秦始皇就病逝了，终年 50 岁。

秦始皇统一天下，奠定了我国统一多民族中央集权国家的基本格局，对我国疆域的初步奠定和巩固发展国家的统一，以及形成以华夏族为主体的中华民族，起了重要作用。促进了我国历史上第一次民族大融合。第一次形成了真正意义上的中国。

王戎捉贼识苦李

王戎，西晋人，著名学者，是西晋著名的"竹林七贤"之一，曾任宰相。自幼勤奋好学，3 岁捉贼，7 岁识苦李，被人们称为神童。

王戎 3 岁那年，元宵节晚上，家人背着王戎去看花灯。大街小巷，到处挂着式样精巧、竞放异彩的灯笼。十字路口更是灯火辉煌，热闹非凡。在熙熙攘攘的人群中，家人背着小王戎看了很久才挤出人群。

小王戎看到家人背着他向一个僻静的小巷里走去，觉得很奇怪，低头一看，呀！背他的竟是一个陌生人！他想起父母说的有拐卖小孩的贼。心想这人定是个贼，趁看灯拥挤，人们不警惕，便把自己弄到他的背上。小王戎心里害怕，可是他没哭也没叫，不声不响地把自己小辫上的红头绳解下来，在贼的帽子上悄悄系好。等穿过小巷，到了另一条人多的街上，王戎就高喊起来："快捉住他，他是贼！"那个贼吓了一跳，丢下王戎，钻进人群里逃跑了。

正在这时，几个巡夜的官兵来了。他们问王戎那个贼什么样子，王戎说："我在那个贼的帽子上系了红头绳，快去捉他！"

王戎被送回家时，那个拐卖小孩的贼也被捉住了。

王戎7岁时，有一天，他和几个小伙伴到临沂城外去玩耍。此时正值农历六月，太阳热辣辣的，他们走了一段路，觉得都口干舌燥。突然，走在前面的一个伙伴高喊起来："看，前面李子树上有李子！"王戎抬头向前一看，果然在路旁有一株李树，树上结满了红色的李子，沉甸甸的李子把枝条都压弯了。

"快去摘李子吃啊！"伙伴欢呼着向李树奔去。

王戎站着没动。"快去摘李子吃啊！"有个伙伴拉了他一把。

"别高兴，那李子是苦的。"王戎说。

"胡说，你怎么知道的？"伙伴瞪了他一眼。

"因为……"王戎话未出口，那小伙伴也奔到李树下去摘李子了。

最先跑到李树下面的小孩，跳起来摘了一颗李子，忙塞进嘴里嚼起来，可是立刻又皱起眉头，"呸、呸、呸"直往外吐。

小伙伴们看了都觉得奇怪，于是上前问道："怎么了？"

"又涩又苦，呸！呸！"那个小孩说。

这时，王戎已走到李树下，他说："我跟你们说李子是苦的，可你们不相信。"

"你没吃，怎知这棵树上的李子是苦的？"一个伙伴奇怪地问。

"你们想一想，这棵李树长在大路旁，每天有那么多人从这里经过，如果李子是甜的，早就摘光了。现在树上还有这么多李子，那一定是苦的了。"

小伙伴们听了王戎的话，都连连点头。纷纷称赞他爱动脑筋分析问题。

王戎不仅天资聪颖，而且勤奋好学，并未因人称自己是神童而沾沾自喜。长大后，成为博学多才的学者，是西晋著名的"竹林七贤"之一。他当官后，因办事公平清廉高效，很快便官至宰相。

王羲之水饺师傅

王羲之是我国历史上数一数二的大书法家，民间有很多关于他的故事。传说，在他17岁时，他的书法就很有名气了，很多人都想请他题字，这让他很是骄傲。

一天，他经过一家饺子铺，来到一矮墙后边，看见一个白发老婆婆独自一人擀饺子皮、包饺子；一批饺子包好了，她看都不看一眼，随手就把一只只饺子抛出墙外的大锅中央。

王羲之惊叹不已，问："老妈妈，您多长时间练成这手功夫的？"

"熟要五十年，深要一辈子。"老婆婆回答。王羲之心想自己学写字不过十几年，就自满起来，真不应该，脸上一阵发热。

他又问老婆婆："贵店的饺子名不虚传，但门口的对联却似乎叫人不敢恭维，为何不找人写得好一点儿呢？"老婆婆一听，生气地说："听说王羲之那种人架子太大，哪里会瞧得起我这个小铺子？"

第二天，他亲自把一副对联送到白发老婆婆手中，诚恳地说："您让我懂得了学无止境的道理，您就是我的'水饺师傅'。"从此以后，王羲之虚心刻苦练习书法，终于成为一代"书圣"。

杨翥宽厚睦四邻

明代继承和发扬了笃实宽厚传统美德，涌现出许多感人的故事。其中杨翥以宽厚的胸怀促进邻里和睦，被传为佳话。

杨翥，字仲举，明朝人。少年时，父母双亡，跟随兄长当成守兵士，又在学馆当先生，后经杨士奇推荐，任翰林院检讨，升迁为礼部尚书。他为官清正廉明，体恤民意，为人笃实敦厚，宽容忍让，为当时推举，后世称道。

杨翥处处关心他人，顾及别人利益，能设身处地替邻居着想。明景帝朱祁钰未登皇帝大位时，杨翥是太子宫中的官吏。他住在京城，平时因事外出，却从来不坐轿子，只是骑一头毛驴子。

杨翥的邻居是一位老头，快60岁的时候生了个儿子，老来得子，夫妻自然非常高兴。但这个孩子一听到杨翥的驴子叫就哭个不停，搞得全家人都不得安宁。老人没有办法，只好去向杨翥反映情况，建议杨翥外出还是坐轿子为好。

杨翥问邻居老人："您为什么想要让我坐轿子，而不想让我骑毛驴呢？"

邻居老人说："我家孩子怕您的驴叫，每次听到驴的叫声，他都哭闹不停。孩子出生时间不长，他太小了，我担心孩子被吓坏了。真要这样了，那我也不想活了！"

杨翥的儿子，当时在旁边听见了，不满意地插嘴对邻居老人说："你养你的孩子，我爸骑自己的驴子，原本挨不着的事儿，怎么能限制我们骑毛驴这种事呢？"

杨翥马上阻止儿子别插嘴，然后他和颜悦色地对老人说："好吧，我知道了，我明天就让驴子不叫了，您就放心吧！"

邻居老人走后，杨翥的儿子不服气地问："你能让驴子不叫吗？驴子不叫，它还是驴子吗？"

杨翥笑着说："呵呵，我还真能让驴子不叫。"

到了第二天早晨，杨翥便让仆人把驴子牵到集市上卖掉了，从此外出，均改为步行。

有一年夏天，有一段时间阴雨不停，积水把邻居家的院墙冲坏了，出现了一个洞口，雨水从洞口流到了杨翥家院子里，致使杨翥家如同发水一般，遭受水灾之苦。

杨翥的仆人每天打扫庭院，见大量雨水流了进来，院子没法收拾，就打算同邻居评理。

杨翥说："毕竟还是下雨天少，晴天多，何必引起争吵呢？"

仆人说："现在满院子都是水，几乎连下脚的地方都没有，也根本没法收拾。"

杨翥劝仆人说："先这样吧，毕竟总是下雨的时候少，晴天的时候多。"

由于杨翥的宽厚忍让，这件事情也就这样慢慢地过去了。

杨翥做修撰的时候，住在京城。他的一个邻居丢失了一只鸡，指骂说是被杨家偷去了。杨翥的仆人气愤不过，把此事告诉了杨翥，想请他去找邻居理论。

杨翥说;"此处又不是我们一家姓杨,怎知是骂的我们?随他骂去吧!"

久而久之,邻居们都被杨翥的宽容忍让所感动,纷纷到他家请罪。有一年,一伙贼人密谋欲抢杨翥家的财产,邻居得知此事后,主动组织起来帮杨家守夜防贼,使杨家免去了这场灾难。

邻里贵在和睦相处,但矛盾总会存在。杨翥不在意邻家雨水之害,也不在意邻居失鸡的点姓叫骂,是假装糊涂和有意忍让。这看似容易,其实很难,正因为如此,才看出杨翥的德行和度量。

杨翥具有宽容和谦让的高尚品质,这是一份难能可贵的人生境界。事实上,杨翥在生活中常常遇到人际矛盾,但他为人处世宽宏大量,气度不凡,不计较小事,表现了他的超人的洒脱。他的宽宏忠厚,受到了世人的广泛赞誉。

吕留良题联自警

严于律己,务实立德,一直是笃实宽厚传统美德的重要内容之一。明末清初著名学者吕留良就是一个典型。

吕留良,明末清初著名思想家,时文评论家和出版家。

吕留良幼时即颖悟绝人,读书3遍就能不忘,8岁能文,10岁时就与士子往来。顺治时应试为诸生,后隐居不出。康熙时期拒应清代朝廷的鸿博之征,后削发为僧。

吕留良有个朋友叫倪鸿宝,两个人都是读书人,在学问上分不出高低,都有点名气。

一天,倪鸿宝来访。在客厅里,吕留良和他一边品着茶,一边纵谈古今,气氛十分热烈。谈着谈着,倪鸿宝眼睛扫到了客厅墙上的一副对联:

囊无半卷书，唯有虞廷十六字；

目空天下士，只让尼山一个人。

意思是说：我什么书都不去看，只有虞廷16个字；在读书人里我谁都瞧不起，只有孔丘一人，我让他一筹。

倪鸿宝琢磨着这副对联，在心里笑了笑，脸上露出不以为然的神色。他知道，所谓"虞廷十六字"，指的是《书经·大禹谟》中"人心惟危，道心为微，惟精惟一，允执厥中"。

意思是说，人心危险难安，道理幽微难明，要精纯专一，抓住事物的中心。在处理问题时，公允得当，不偏不倚。这是后来理学家修身养性的十六字诀。尼山，指孔子，孔子名丘字仲尼。

倪鸿宝轻轻地摇了摇头，心里暗想：吕留良以圣贤自居，口气太大，太狂妄了，哪有什么"允执厥中"的味道呢？

倪鸿宝回家里，叹息一番，也针锋相对地写了一联："孝若曾子参，方足当一字可；才如周公旦，容不得半点骄。"意思是说：一个人孝如曾子参，只不过是做到了为人道德的一个方面；才能如周公，也不应有半点骄傲。

不久，吕留良回访倪鸿宝，

一到书房，就看到了这副对联。他知道，曾子参是孔子的学生，以孝顺父母出名；周公旦是周武王的弟弟，有名的贤相。很显然，这副对联是针对自己客厅里那副对联写的，一时觉得很尴尬，举止言谈都有些失态。

这一切倪鸿宝都看在眼里。为了缓和气氛，倪鸿宝赶忙让座让茶，讲了很多客套话。

吕留良心里不得劲儿，坐了不多久，便借故告辞了。吕留良回到家里，仔细一想，倪鸿宝讲的确实有道理，自己是太骄傲了，实在是不应该的。

于是，立即撕下原来那副对联，重新写了一副客厅联：

效梅傲霜休傲友；

学竹虚心莫虚情。

意思是说：做人应该像梅一样在白雪面前骄傲地绽放自己的美丽，但在亲朋好友面前不要骄傲；要学习竹子的虚心才能历经风霜而不倒，但千万不能虚情假意。

从此以后，吕留良和倪鸿宝的交往就更密切了。

联品可看人品。吕留良和倪鸿宝的两副对联，表现了两人不同的品格和胸襟。而吕留良能够以对联自警，体现了他闻过则改，见贤思齐的儒家风范。

人之将死，其言也善

曾子有疾，孟敬子①问②之。曾子言曰："鸟之将死，其鸣也哀；人之将死，其言也善。君子所贵乎道者三：动容貌③，斯远暴慢④矣；正颜色⑤，斯近信矣；出辞气⑥，斯远鄙倍⑦矣。笾豆之事⑧，则有司存。"

【注释】

①孟敬子：即鲁国大夫孟孙捷。

②问：探望、探视。

③动容貌：使自己的内心感情表现于面容。

④暴慢：粗暴、放肆。

⑤正颜色：使自己的脸色庄重严肃。

⑥出辞气：出言，说话。指注意说话的言辞和口气。

⑦鄙倍：鄙，粗野。倍同背，背理。

⑧笾豆之事：笾和豆都是古代祭祀和典礼中的用具。

【解释】

曾子有病，孟敬子去看望他。曾子对他说："鸟快死了，它的叫声是悲哀的；人快死了，他说的话是善意的。君子所应当重视的道有三个方面：使自己的容貌庄重严肃，这样可以避免粗暴、放肆；使自己的脸色一本正经，这样就接近于诚信；使自己说话的言辞和语气谨慎小心，这样就可以避免粗野和背理。至于祭祀和礼节仪式，自有主管这些事务的官吏来负责。"

【故事】

智勇双全战将王翦

秦昭襄王时破赵国都城邯郸，秦始皇时以秦国绝大部分兵力消灭楚国。王翦与白起、廉颇、李牧并称"战国四大名将"。

白起自杀后，秦昭襄王拜王翦为将，来统领大军。

在拜将之日，王翦在朝廷上大声地说了自己的意见："我们不能等，韩魏赵虽然战胜了大秦的军队，但是他们因此也元气耗尽了。他们更需要停战休养生息。虽然我们伟大的秦军也遭受一些挫折，但是我们的元气未损，同时士气不衰反涨。

"更重要的是今年巴蜀谷米大熟，而东方六国正在遭遇蝗虫灾害，他们的国力下降，而我们的国力上升。现在正是我们灭掉六国的最好的时机，时不我待。大王，我们出兵吧！"

秦昭襄王马上应允。于是，就在秦军包围赵都邯郸数月、损兵折将退却后不久，王翦率领 30 万大军在各州县充足的粮草辎重供应下，只携带了轻便的武器就出关而去。

此时，秦军重装都已经在各地的前沿等候王翦了，等王翦轻骑军一到，人马再和武器结合，就形成了秦军战无不胜的战斗力。

秦军此来，一因秦昭襄王亲征；二因王翦为将，兵势极盛，锐不可当。而王翦又是一个善于斗心的战将，往往秦军军力未到，声势就先一步威慑赵军了。

赵军在强大的秦军面前一触即溃。几乎兵不血刃，九座赵城被取下。面对孤城邯郸，王翦实行了三面的包围。终于在被困 341 天后，已经饿得面黄肌瘦的赵国都城邯郸人出城门投降了。

公元前 238 年，秦王政铲除了丞相吕不韦和长信侯嫪毐，开始亲政。他雄心勃勃，决心乘胜追击，吞并六国，实现统一天下的大业。

楚国地处江南，地大物博，兵源丰富，是个强劲的敌手。这次伐楚，秦王政不得不格外谨慎。

那么选谁挂帅出征才能万无一失，一举成功呢？

秦王政经过反复筛选，认为只有两个人可以胜任：一个是年轻有为、血气方刚的李信；一个是身经百战、深谋远虑的老将王翦。权衡利弊，两人各有长短，秦王政一时犹豫不决。各位大臣又各持己见，莫衷一是。

于是秦王政决定亲自和两人当面对策，再作决定。

秦王政坐殿，问李信："攻打楚国，需多少人马？"

李信昂首挺胸，十分自信地回答说："不过 20 万！"

秦王政又回头问王翦。

王翦沉思片刻，回答说："以臣之见，非 60 万人马不可。"

秦王政沉思了一会，笑了笑，对王翦说："王将军到底是老了。"

秦王政即刻任命李信为帅，即日出征讨伐楚国。

王翦看着秦王政对刚愎自用的李信深信不疑，必败无疑，本想再谏，又怕弄不好还会引起秦王政的怀疑，招来杀身之祸。就向秦王政请求告老还乡。

秦王政以为王翦年老无用，寒暄几句，也不强留。

李信一路耀武扬威，根本不把楚军放在眼里。

楚军看李信年轻气盛，如此狂妄，不觉心中暗喜。他们有意诱敌深入，佯装溃退。

李信求功心切，轻敌冒进，长驱直入。

楚军避实就虚，迂回运动，突然出击，切断其后路，使秦军首尾不能照应，连斩秦将7员。李信陷入楚军重围，多亏众将拼死相救，才得逃脱。

秦王政闻讯，十分震惊，这才恍然大悟，深悔自己耳目不明，用错了人，寒了老将军王翦的心。

秦王政亲率人马到王翦的故乡频阳，向王翦赔礼道歉。

王翦借口有病，不见。秦王政在频阳整整等候了3天。秦王政明白王翦有气，再三赔罪，但王翦仍不肯搭理。

秦王政心想，按王翦的为人不该如此，于是说："莫非将军有什么难言之隐？尽管说，朕一概答应就是了。"

王翦这才说："大王如果一定要臣出征，仍非60万人马不可。"

秦王政满口答应。王翦根据已往长期作战经验，知道楚军和赵军都具有坚强的战斗意志，是能战能守的军队。楚军新近击破李信指挥的秦军，锐气旺盛，斗志昂扬，对付这样的敌人，不仅没有胜利的把握，一旦行动不慎，还会影响整个战争前途。

王翦进入楚国后，即令部队在商水、上蔡、平舆一带地区构筑坚垒，进行固守，并令部队不许出战。休整待命，故双方相持数月没有大的交战。

楚对秦军大举东进，也集中全部兵力应战。当时秦已灭三晋，无后顾之忧，有物力的大量支援，能够打持久战。楚则无论军事、政治都远为落后。统帅项燕仍然集中楚军主力于寿春淮河北岸地区等待秦军的进攻。

楚王责怪项燕怯战，派人数度催他主动进攻秦军。项燕军只得向秦军进攻，但既攻不破秦军的营垒，秦军又拒不出战，项燕无奈，引军东去。

王翦立即令全军追击楚军，楚军为涡河所阻，双方交手，楚军被击破东逃。秦军追至蕲南，平定楚属各地。斩杀楚将项燕，王翦率兵直取楚国都城寿春，楚国首都被秦军攻陷，楚王被俘。接着，秦军在王翦指挥下，马不停蹄地渡过长江，占领了吴越之地。

第二年，王翦便平定了楚国的属地，统一了长江流域。秦在楚地设南郡、九江郡和会稽郡。

王翦得胜班师回到秦都咸阳，秦王政为他举行庆功宴会。在庆功宴会上，王翦向秦王政要求告老还乡。此后，王翦便回到家乡，过着农耕生活，终老于家。

德圣武神国栋廉颇

赵惠文王刚执政赵国时，七国之中以齐国最为强盛，齐与秦各为东西方强国。秦国欲东出扩大势力，赵国首当其冲。为扫除障碍，秦王曾多次派兵进攻赵国。廉颇统领赵军屡败秦军。

由于赵国廉颇的抵抗，秦被迫改变策略，于公元前285年与赵相会讲和，以联合韩、燕、魏、赵五国之师共同讨伐齐国，大败齐军。

在这个过程中，廉颇于公元前283年带赵军伐齐时，长驱深入齐境，攻取阳晋，威震诸侯，而赵国也随之跃居六国之首。廉颇班师回朝，拜为上卿。

秦国当时之所以虎视赵国而不敢贸然进攻，正是慑于廉颇的威力。此后，廉颇率军征战，守必固，攻必取，几乎百战百胜，名扬列国。

在廉颇带赵军伐齐时，赵王得到了一块楚国原先丢失的名贵宝玉和氏璧。这件事情让秦王知道了，他愿意用15座城池来换和氏璧。

赵王派蔺相如出使秦国。蔺相如身携和氏璧，充当赵使入秦，并以他的大智大勇完璧归赵，取得了对秦外交的胜利。

这时，秦王欲与赵王在渑池会盟言和，赵王非常害怕，不愿前往。廉颇和蔺相如商量认为赵王应该前往，以显示赵国的坚强和赵王的果敢。

赵王与蔺相如同往，廉颇相送。廉颇与赵王分别时说："大王这次行期不过30天，若30天不还，请立太子为王，以断绝秦国要挟赵国的希望。"

廉颇的大将风度与周密安排，为赵王大壮行色。再加上蔺相如渑池会上不卑不亢地与秦王周旋，毫不示弱地回击了秦王施展的种种手段，不仅为赵国挽回了声誉，而且对秦王和群臣产生震慑。

最终，赵王平安归来。渑池之会后，赵王认为蔺相如功大，就拜他为上卿，地位竟在廉颇之上。廉颇对蔺相如封为上卿心怀不满，认为自己作为赵国的大将，有攻城扩疆的大功，而地位低下的蔺相如只动动口舌却位高于自己，叫人不能容忍。他公然扬言要当众羞辱蔺相如。

蔺相如知道后，并不想与廉颇去争高低，而是采取了忍让的态度，这让廉颇深受感动。他选择蔺相如家宾客最多的一天，身背荆条，赤膊露体来到蔺相如家中，请蔺相如治罪。

从此两人结为刎颈之交，生死与共。

"将相和"的故事所体现的情感催人泪下，感人奋发。而廉颇勇于改过、真诚率直的性格，更使人觉得可亲可爱。

公元前 276 年，廉颇向东攻打齐国，攻陷 9 城，次年廉颇再攻也取得了不小的战果。正是由于廉、蔺交和，使得赵国内部团结一致，尽心报国，使赵国一度强盛，成为东方诸侯阻挡秦国东进的屏障，秦国以后长时间不敢攻赵。

公元前 266 年，赵惠文王去世，赵孝成王执政。这时，秦国采取范雎和远方的国家结盟而与相邻的国家为敌的谋略，一边跟齐国、楚国交好，一边攻打临近的小国。

公元前 260 年，秦国进攻韩地上党。上党的韩国守军孤立无援，太守便将上党献给了赵国。于是，秦赵之间围绕着争夺上党地区发生了战争。

这时，赵国名将赵奢已死，蔺相如病重，执掌军事事务的只有廉颇。于是，赵孝成王命廉颇统帅 20 万赵军阻秦军于长平。

在当时，秦军已切断了长平南北联系，士气正盛，而赵军长途跋涉而至，不仅兵力处于劣势，态势上也处于被动不利的地位。

面对这一情况，廉颇正确地采取了筑垒固守，疲惫敌军，相机攻敌的作战方针。他命令赵军凭借山险，筑起森严壁垒。尽管秦军数次挑战，廉颇总是严令部众，坚壁不出。

同时，他把上党地区的民众集中起来，一面从事战场运输，一面投入筑垒抗秦的工作。赵军森严壁垒，秦军求战不得，无计可施，锐气渐失。廉颇用兵持重，固垒坚守 3 年，意在挫败秦军速胜之谋。

秦国看速胜不行，便使反间计，让赵王相信，秦国最担心、最害怕的是用赵括替代廉颇。赵王求胜心切，终于中了反间计，认为廉颇怯战，强行罢廉颇职，用赵括为将。

赵括代替了廉颇的职务后，完全改变了廉颇制定的战略部署，撤换了许多军官。

人之将死，其言也善

秦国见使用赵括为将，便暗中启用白起率兵攻赵。结果大败赵括军于长平，射杀了赵括，致使赵国损失近 50 万精锐部队。

秦在长平之战胜利后，接受了赵割地请和的要求。但赵王对于事后割地决定不履行和约，并积极备战。秦昭王大怒，尽兵攻赵，并于公元前 259 年秋兵围都城邯郸，邯郸军民誓死抵抗。

公元前 258 年正月，此时邯郸被围将近 4 个月，城内兵员损耗和粮食供给已显危机，人心在冬季更显得脆弱。但在廉颇、乐乘诸位良将的率领下，赵军依然士气高昂。

十月，邯郸城处于最危急的时候，粮草早已断绝，赵军依旧不屈地抵抗着。

由此可见，一个国家、一个民族、一个部队所具有的慷慨悲凉的气质、血气尚武的传统、同心志协的风气是多么的重要。

此时，燕国丞相栗腹以给赵王祝寿为名，出使赵国，侦探赵国虚实。

栗腹回国后向燕王建议：“乘此良机攻赵必胜。燕将乐间认为赵国连年同秦作战，百姓熟悉军事，若兴兵攻赵，燕军一定会败，坚决反对出兵。”

燕王喜不听乐间劝告，决意发兵攻赵国。他派栗腹为将，领兵 60 万兵分两路大举进攻赵国。栗腹令部将卿秦率军 20 万攻代，自率主力 40 万攻鄗。

赵孝成王令上卿廉颇、乐乘统兵 13 万前往抗击。廉颇分析燕军的来势后认为，燕军虽然人多势众，但骄傲轻敌，加之长途跋涉，人马困乏，遂决定采用各个击破的方略。

廉颇令乐乘率军 5 万兵士坚守代，吸引攻代燕军不能南下援救，自率军 8 万兵士迎击燕军主力于鄗。赵军同仇敌忾，决心保卫国土，个个奋勇冲杀，大败燕军，斩杀其主将栗腹。

攻代燕军闻听攻鄗军大败，主帅被杀，军心动摇。赵将乐乘率赵军趁机发起攻击，迅速取胜。两路燕军败退。廉颇率军追击 500 里，直入燕境，进围燕都蓟。

燕王只好割让5座城邑求和，赵军始解围退还。战后，赵王封廉颇为信平君，任相国。

在此战中，赵军在廉颇的指挥下，利用燕军轻敌、疲劳之弊，对来犯之敌予以痛击，最后取得胜利。这是我国历史上以少胜多的著名战例。

这次战斗提升了赵国于七国中地位，锻炼了赵军作战能力，更重要的是恢复了作战的自信，增强了赵国实力和国家安全系数，发现并锻炼了赵国将领。

在此战中，一批新的战将脱颖而出，让赵人看到除了老将廉颇外还有更多优秀的将军，赵国的中兴似乎仍有希望。

公元前245年，赵孝成王去世，其子赵悼襄王继位。赵悼襄王听信了奸臣郭开的谗言，解除了廉颇的军职，派乐乘代替廉颇。廉颇因受排挤而发怒，打击乐乘，乐乘逃走。廉颇也离赵投奔魏国大梁。

廉颇去大梁住了很久，魏王虽然收留了他，却并不信任和重用他。

赵国因为多次被秦军围困，赵王想再任用廉颇，廉颇也想再被赵国任用。赵王派遣使者带着一副名贵的盔甲和4匹快马到大梁去慰问廉颇，看廉颇还是否可用。

廉颇的仇人郭开唯恐廉颇再得势，暗中给了使者很多金钱，让他说廉颇的坏话。赵国使者见到廉颇以后，廉颇在他面前一顿饭吃了一斗米，10斤肉，还披甲上马，表示自己还可有用。

但使者回来向赵王报告说："廉将军虽然老了，但饭量还很好，可是和我坐在一起，不多时就去了3次厕所。"

赵王认为廉颇老了，就没任用他，廉颇也就没再得到为国报效机会了。

楚国听说廉颇在魏国，就暗中派人迎接他入楚。廉颇担任楚将后，没有建立什么功劳。他常常流露出对祖国乡亲的眷恋之情。

但赵国终究未能重新起用他，致使这位为赵国做出过重大贡献的一代名将，抑郁不乐，最终死在楚国的寿春，年约85岁。10多年后，赵国被秦国灭亡。

常胜名将大将军李牧

公元前 309 年，赵武灵王时期，下令国中推行"胡服骑射"，进行了一系列改革，军事力量逐渐强大，屡败匈奴等北方胡人部落。但到了赵惠文王、赵孝成王时期，匈奴各部落军事力量逐步恢复强大起来，并不断骚扰赵国北部边境，赵惠文王便派李牧带兵独当北部戍边之责。

在抗击匈奴的斗争中，李牧即表现了其杰出的军事才能。

为了有利于战备，李牧首先争取到赵王同意，自己有权根据需要设置官吏。另外，本地的田赋税收也全部归帅府，用作军事开支。

李牧针对赵军和匈奴军的特点，深思熟虑，采取了一系列的军事经济措施。他将边防线的烽火台加以完善，派精兵严加守卫，同时增加情报侦察人员，完善情报网，及早预警。

针对剽悍的匈奴骑兵机动灵活、战斗力强及以掠夺为主要作战目的，军需全靠抢掠的特点，为使窜扰的敌骑兵徒劳无功，他命令坚壁清野，并示弱于敌，以麻痹强敌，伺机歼敌。

为此，严明军纪："匈奴入盗，急入收保，有敢捕虏者斩"，所以每当匈奴入侵边境，烽火台一报警，李牧即下令士兵立即收拾物资退入城堡固守，从不出战，使匈奴无从掳掠。

这样过了几年，李牧没有人员伤亡，也没有损失过物资。

然而，时间一长，匈奴兵将总以为李牧胆小怯战，根本不把他放在心上；就是赵国边兵们也在下面窃窃私语，以为李牧胆小怯战，有的愤愤不平。

李牧一意坚守不主动出击的消息传到赵孝成王那里，赵孝成王派使者责备李牧，要李牧出击。李牧老谋深算，意欲放长线钓大鱼，也不作解释，我行我素，依然如故。

匈奴一来，即深沟高垒，坚守不出。匈奴往往满怀企望而来，却一无所获而归。

赵王听说李牧仍然一味防守，认为他胆怯无能，灭了自己威风，很生气，立即将李牧召回，派另外一员将领来替代。

新将领一到任，每逢匈奴入侵，即下令军队出战，几次都失利，人员伤亡很大，而且边境不安，百姓没有办法耕种和放牧。

赵王只得又派使臣去请李牧复职，李牧闭门不出，坚称有病，不肯就任。

赵王不得已，只得强令李牧出山。

李牧对赵王说："您一定要用臣的话，臣还要和以前一样。您答应这个条件，我就赴任。"

赵王只好答应了他的请求。李牧又来到雁门，坚持按既定方针办，下令坚守。几年内匈奴多次入侵，都一无所获，还是以为李牧胆小避战。

其实，李牧早已经定下诱敌深入，设伏包歼的计谋，对种种屈辱骂名置之不理，而边庭将士因为天天得到犒赏，却没有出力的机会，都希望能在战场上效力。

李牧看条件成熟了，于是经过严格挑选战车 1300 辆，又挑选出精壮的战马 1.3 万匹，勇敢善战的士兵 5 万人，优秀射手 10 万人。然后把挑选出来的车、马、战士统统严格编队，进行多兵种联合作战演习训练。一切准备就绪之后，李牧设法引诱匈奴入侵。

公元前 244 年的春天，李牧让

百姓漫山遍野去放牧牲畜。不久，情报员来报告："有小股匈奴到了离边境不远的地方。"

李牧派了一支小部队出战，佯败于匈奴兵，丢弃下几千名百姓和牛羊作为诱饵让匈奴俘虏去。

匈奴单于王听到前方战报，十分高兴，因久无缴获，于是率领大军侵入赵境，准备大肆掳掠。

李牧从烽火台报警和情报员报告中了解了敌情，早在匈奴来路埋伏下奇兵。待匈奴大部队一到，李牧为消耗敌军，先采取守势的协同作战。

战车阵从正面迎战，限制、阻碍和迟滞敌骑行动；步兵集团居中阻击；弓弩兵轮番远程射杀；骑兵及精锐步兵控制于军阵侧后。当匈奴军冲击受挫时，李牧乘势将控制的机动精锐部队由两翼加入战斗，发动钳形攻势，包围匈奴军于战场。

经过几年养精蓄锐训练有素的赵军将士们，早已摩拳擦掌，个个生龙活虎，向敌人扑了过去。仿佛是一架运转严整的机器，两翼包抄的 1.3 万名赵军骑兵仿佛两把锋利砍刀，轻松地撕开匈奴人看似不可一世的军阵，在转瞬间扼住 10 万匈奴骑兵命运的咽喉。

一整天的会战很快演变成一场对匈奴的追歼。10 万匈奴骑兵全军覆没，匈奴单于仅带了少量亲随仓皇逃窜。

李牧大败匈奴之后，又趁胜利之势收拾了在赵北部的匈奴属国，迫使单于向遥远的北方逃去，进一步清除了北方的忧患。

在这次取得辉煌胜利的战役之后，匈奴兵慑于赵军之威，10 多年内不敢入侵赵的边境。李牧也因此成为继廉颇、赵奢之后赵国的最重要的将领。

公元前 246 年以后，李牧曾因国事需要调回朝中，以相国身份出使秦国，订立盟约，使秦国归还了赵国之质子。

公元前 245 年，赵孝成王逝世，赵悼襄王继位。公元前 244 年，廉颇的大将军一职被取代，廉颇一怒之下，带领自己部下，投奔魏国去了。当时，赵奢、蔺相如已死，李牧成为朝中重臣。

公元前232年，秦王政派秦军入侵。秦军兵分两路攻赵，以一部兵力由邺北上，准备渡漳水向邯郸进迫，袭扰赵都邯郸。秦王政亲率主力由上党出井陉，企图将赵拦腰截断，进到番吾。

因李牧率军抗击，邯郸之南有漳水及赵长城为依托，秦军难以迅速突破。

李牧遂决心采取南守北攻，集中兵力各个击破的方针。他部署司马尚在邯郸南据守长城一线，自率主力北进，反击远程来犯的秦军。

两军在番吾附近相遇。李牧督军猛攻，秦军受阻大败。李牧即回师邯郸，与司马尚合军攻击南路秦军。秦南路军知北路军已被击退后，料难获胜，稍一接触，即撤军退走。

这次李牧击退秦军，是秦、赵两国交战中，赵国最后一次取得重大胜利。当时韩、魏已听命于秦，尾随秦军攻赵，李牧为此又向南进军，抵御韩、魏的进攻。

公元前229年，赵国由于连年战争，再加上北部地震，大面积饥荒，国力已相当衰弱。秦王政乘机派大将王翦亲自率主力进围赵都邯郸。赵悼襄王任命李牧为大将军，率全军抵抗入侵秦军。

王翦知道李牧不除，秦军在战场上不能速胜，禀告秦王，再行反间故伎，派奸细入赵国都城邯郸，用重金收买赵悼襄王的近臣，让他们散布流言蜚语，说什么李牧、司马尚勾结秦军，准备背叛赵国。

昏聩的赵悼襄王一听到这些谣言，不加调查证实，立即派人去取代李牧。

李牧为社稷军民计，拒交兵权，继续奋勇抵抗。赵悼襄王便暗中窥探，乘其不备之时，命人加以捕获残杀，并罢黜废免了司马尚。

3个月后，王翦大破赵军，灭掉了赵国。

李牧这位纵横沙场的名将，最终死在了他所誓死保卫的祖国君臣的手中。他的无辜被害，使后人无不扼腕叹息！

人之将死，其言也善

刘德不浮夸虚心学习

西汉时期，汉景帝的儿子刘德被封为河间王。他虽然是皇子，却不高傲自大，仍虚心好学。

刘德对先秦文化特别感兴趣，他在民间收集了许多先秦的书籍，把这些书分门别类地整理起来，然后仔细地做起研究。几年后，他对先秦的文化有了很高的造诣。

有一次，刘德到长安看望当了皇帝的哥哥刘彻。刘彻正好和一些学士们，在谈论古代的学术问题。刘德觉得这是一个很好的学习机会，就坐在一旁听起来。

学士中有个人看了不少先秦的书，自认为无人能比，就信口开河，夸夸其谈起来。刘德听出他的话中有许多错误，就加以纠正。

大家见刘德所说的东西有根有据，纷纷向他请教。

对于大家提出的问题，刘德知道的就仔细地向大家讲解；不知道的，就老老实实地说不知道。大家见他虽然身居高位，依然治学严谨，一点没有浮夸的习气，都格外佩服。

李杜友情千古传佳话

唐代文人普遍尚儒，对笃实宽厚传统美德有深刻的理解，在人际交往上也往往不同常人。唐代最著名的诗人李白和杜甫做到了儒家所强调的"将心比心""以心换心"，因而他们之间的友情，在我国文学史上成了久久为人传诵的佳话。

李白，唐代浪漫主义诗人，被后人誉为"诗仙"。他的诗歌总体风格清新俊逸，既反映了时代的繁荣景象，也揭露了统治阶级的荒淫和腐败，表现出蔑视权贵，反抗传统束缚，追求自由和理想的积极精神。

杜甫，唐代现实主义诗人。杜甫忧国忧民，人格高尚，他被世人尊为"诗圣"，他的诗被称为"诗史"。

744年春夏之交，李白与杜甫在洛阳初次相遇，当时李白44岁，杜甫33岁；李白已经名满天下，杜甫还默默无闻。他们虽然有年龄上的差异和诗坛地位的高低，但一点也没有影响两人之间成为知音。

初次见面，杜甫就被李白的风采吸引住了。李白对杜甫的青年有为也很欣赏。当时，他们俩都对现实不满，因此一见如故。两人的志趣相同，时常在一起吟诗作赋，自得其乐，度过了一段彼此难忘的日子。

那时候，社会上有一种求仙访道的风气。李白与杜甫相约结伴而行去寻找瑶草。两人渡过波涛汹涌的黄河，尽管路途艰险，但他们互助互爱，常常吟诗作句，以苦为乐。

他们一起赴王屋山寻访道士华盖君，欲学长生之道。可是华盖君已经去世了，他们凄凉地望着寥廓的四野，尽管彼此心中有不尽怅然与失望，但他们都互相劝慰对方，最后不得不按原路回去。

这年秋天，李白和杜甫与另一诗人高适遇在一起了。这3个朋友经常在洛阳城里的酒楼饮酒赋诗，各叙心中的愤懑，也谈论着当时的国事，讽

人之将死，其言也善

刺唐玄宗李隆基的醉心声色。渐渐地，杜甫和李白更加了解对方，他们之间的关系更加密切了。

在这段时间里，两人时常喝酒论文，李白的诗歌造诣对杜甫的诗歌创作产生一定的影响。如杜甫《登兖州城楼》诗中，"浮云连海岱，平野入青徐"与李白诗句"秋波落泗水，海色明徂徕""青山横北郭，白水绕东城"句式相似，视野比以前更开阔了。两个同样喜爱诗歌创作的人在一起谈诗论文，肯定会互相切磋。

第二年秋天，杜甫和李白又在兖州相遇。他们白天携手同行，寄情于山水之乐。晚上，常常一边饮酒，一边仔细讨论文学上的问题，有时喝得大醉，同床酣睡。

他们两人共同度过一段美好的日子，彼此都从对方身上学到了许多宝贵的东西，诗歌创作上也有了很大的进步。

在兖州相遇不久，李白和杜甫又分别了，怀着恋恋不舍的心情踏上人生的新路。多情的杜甫在这以后一直处于对李白的思念之中，不管流落何地，都写出了刻骨铭心的诗句。李白也在思念，但他步履放达、交游广泛，杜甫的名字很少再在他的诗中出现。

其实，天下的至情并不以平衡为条件。即使李白不再思念，杜甫也做出了单方面的美好承诺。李白对他无所求，他对李白也无所求。

杜甫赠李白及怀念李白的诗，是写得最为动人的，几乎每一篇均堪称名作。"醉眠秋共被，携手日同行"，这是杜甫写两人在一起时亲如兄弟的情形；"剧谈怜野逸，嗜酒见天真"，这是杜甫写李白喝酒时可爱的样子。

杜甫诗中描绘李白的地方更多，在后人心目中李白的形象如此鲜活，一个最直接的来源就是杜甫的诗歌。如《寄李十二白二十韵》中有"笔落惊风雨，诗成泣鬼神"，这是称赞李白的诗气势磅礴，富于感染力。再如《饮中八仙歌》写道：

李白一斗诗百篇，长安市上酒家眠，

天子呼来不上船，自称臣是酒中仙。

杜甫在诗中非常生动地呈现了李白那种天才气的高傲而放诞的性格。

真诚的友谊建立在"知音"的基础上，它不会因为友人遭遇世人的鄙弃而改变。在"安史之乱"中，唐肃宗李亨与他弟弟、永王李璘因权力之争而兵戎相见，李白参与了李璘的军事行动，在李璘失败后成为阶下囚，继而流放夜郎。

在一般人看来，李白此时是一名罪犯，倒霉全是自找的。但杜甫仍然对李白保持着信任，并且充满同情。他在《天末怀李白》诗中写道：

凉风起天末，君子意如何？

鸿雁几时到？江湖秋水多！

文章憎命达，魑魅喜人过。

应共冤魂语，投诗赠汨罗。

这里"文章憎命达"，意思说有才华的人总是命运多舛；"魑魅喜人过"意思说心思恶毒的小人总是喜欢利用别人的过失加以陷害，对李白的遭遇有十分清醒的理解。

李白和杜甫个性不同，艺术风格也有明显的差异。李白狂放不羁，富于幻想，如偶尔飘零于尘世的仙人。杜甫相比于李白则显得淳厚谨重，心思完全在现实生活中。而令人感到格外可贵的是，这完全不妨碍他们彼此理解，相互器重。

李白被称为"诗仙"，杜甫被称为"诗圣"。仙出世，李白一生都在作浪漫的想象飞行；圣入世，杜甫一生都在现实的荆棘与泥水中行走跋涉。

两人都以他们超凡的诗才和博大的襟怀，撑起唐代诗坛一片"高不可及"的瑰丽天空；都以其高贵的人格和真挚的友情，谱出文学史上一段知音的千古佳话。

柳刘成为生死之交

"柳刘"，是指柳宗元和刘禹锡。在群星丽天的中唐文坛，柳宗元和刘禹锡是交相辉映的双子星座。他们一样的才情，共同的理想，相似的运遇，让两人终其一生以道相勉，以情相慰，以心相许，成为生死之交。

793 年，20 岁的柳宗元和 21 岁的刘禹锡同登进士第，人生轨迹有了第一次交汇。

出身于河东望族的柳宗元博古通今，精明敏捷，贞元初期即以童子而有奇名。长于江南的刘禹锡也饱读诗书，出入经史，器宇轩昂，广有才名。

柳宗元和刘禹锡这两个当时最年少的才子，在一起走马长安，题名雁塔，宴饮曲江的春风得意的日子里，惺惺相惜，结同年之谊。在此后的 10 年间，柳刘两人虽聚少离多，但经历惊人地相似：都承受了丧父之痛，都以博学宏辞在朝中做过校刊典籍的官员，也都曾在京畿附近任过县职。

803 年，柳宗元从蓝田尉、刘禹锡从渭南主簿任上同时调回朝中，任职监察御史台，成为朝朝相处的僚友。

在雅重诗文的政坛，柳刘两人无疑是最为出色的青年才俊。文名为他们赢得了时誉，也成为他们进身的阶梯。朝廷要人争相揽之于门下，同辈之人也趋之若鹜。

"致君尧舜上，再使风俗淳"，这是千百年来士人的普遍理想，柳刘年轻的心渴望着建功立业，匡扶时弊。而当时的唐王朝在经历了"安史之乱"后，已是风雨飘摇，百病丛生。

唐德宗李适去世以后，王叔文、王伾等人拥立唐顺宗李诵，并在其的支持下针对积弊大刀阔斧地革新朝政，史称"永贞新政"。新政使得百姓相聚，欢呼大喜。

由于王叔文的力荐，刘禹锡和柳宗元分别从八品御史擢任正六品的屯田员外郎和礼部员外郎。他们出入禁中，参与机要，联络内外，引导舆论，成为改革集团的核心人物，史称"二王、刘、柳"。

当此之时，柳宗元和刘禹锡激情澎湃，踌躇满志，以为天将降大任于斯人也。而对于政治形势的严峻和政治斗争的风险却缺乏认识，或者竟不以为意。

果然，风云突变。就在唐宪宗李纯即位的第三天，一批才高名重的革新派人士被斥出朝，贬为远州司马，史称"二王、八司马"，其中刘禹锡贬朗州，柳宗元贬永州。这一别就是11年。在这些凄风苦雨的日子里，刘禹锡贬和柳宗元书信往还，相互安慰，以自己的心温暖着朋友的心。

时过境迁，气候稍暖，在一些同情他们的大臣的努力下，朝廷发出了召回刘柳等仍然贬谪在外的五司马的诏令。江湘逐客终于等来了北归的春讯。

柳宗元和刘禹锡又见长安，又见故人。抚今思夕，不禁感慨万千。而最令人叹息的是，去时红颜少年，归来鬓已星星。回想逝去的时光，不禁生出一种只争朝夕的紧迫感。

这次归来，他们有云开雾散的感觉，对建功立业也有着许多希冀。心情的愉悦激起了他们的游兴。在倾城看花的日子里，刘禹锡和柳宗元也来到了玄都观。

看到一院桃花，想起春风得意的衮衮诸公，刘禹锡触景生情，写下了那首著名的《元和十年，自朗州承召至京，戏赠看花诸君子》：

> 紫陌红尘拂面来，无人不道看花回。
>
> 玄都观里桃千树，尽是刘郎去后栽。

虽然以桃花花品不高而轻蔑之，是刘禹锡一贯的审美取向，但诗中表现的戏谑、嘲讽之意，也是十分明显的。

事态的发展完全出乎他们意料。只在长安待了一个月，同被召回的五司马又一例出为刺史，这一去更加遥远。柳宗元是柳州，刘禹锡去的则是最为蛮荒险恶的播州，也就是今天的遵义。

惊闻此事，柳宗元悲从中来，泣下如雨，不是为自己，而是为朋友。他深知，跋山涉水，一路颠簸地前往播州，刘禹锡风烛残年的母亲断然是有去无回。而撇下老母无人奉养，刘禹锡也一样难逃不孝的恶名。

柳宗元悲愤于这种积毁销骨的迫害，不忍见朋友穷愁无措，断然决定上疏，请求自往播州，换刘禹锡去柳州，即使因此获罪也在所不惜。多亏重臣裴度从中周旋，柳宗元去了柳州。

挚友相携出了长安，一路南行，来到衡阳。分手在即，经历了几个月来的大喜大悲，重又置身荒烟故道，柳宗元潸然泪下，赋诗《衡阳与梦得分路赠别》，为自己，也为朋友叹息。

> 十年憔悴到秦京，谁料翻为岭外行。
>
> 伏波故道风烟在，翁仲遗墟草树平。
>
> 直以慵疏招物议，休将文字占时名。

今朝不用临河别，垂泪千行便濯缨。

本是少年得志，却偏偏仕途偃蹇，功业无成。看大雁北飞，感归程无望。听哀猿悲鸣，觉愁肠寸断。面对同样伤恸的友人，刘禹锡以《再授连州至衡阳酬柳柳州赠别》诗作深情作答："去国十年同赴召，渡湘千里又分歧。重临事异黄丞相，三黜名惭柳士师。归目并随回雁尽，愁肠正遇断猿时。桂江东过连山下，相望长吟有所思。"

友人情深义重的答诗，让柳宗元心潮起伏。他们今日一别，山高水远，前路茫茫，相见何时！如能归隐田园，比邻而居，那将是一种什么样的幸福啊！

柳宗元依依不舍，一气写下了《重别梦得》和《三赠刘员外》：

二十年来万事同，今朝歧路忽西东。

皇恩若许归田去，晚岁当为邻舍翁。

信书成自误，经事渐知非。

今日临歧别，何年待汝归。

朋友的每一句话都像是从自己心底涌出，刘禹锡百感交集，遂有《重答柳柳州》《三答柳柳州》作答：

弱冠同怀长者忧，临歧回想尽悠悠。

耦耕若便遗身老，黄发相看万事休。

年方伯玉早，恨比四愁多。

人之将死，其言也善

会待修车骑，相随出崤罗。

柳宗元以安邦之才出刺荒州，尽职尽责，颇有惠政。闲暇时，两人依旧相互关怀，诗文唱和。柳宗元留下的100多首诗中，题赠刘禹锡的就有10多首。

他们出为刺史的第四年，刘禹锡痛失慈母。柳宗元3次派人往连州致祭，致书殷殷相劝，并约定待刘禹锡扶枢归乡至衡阳时亲往吊唁。但就在这时，刘禹锡随后又接到了从柳州来递送讣告的信使。

刘禹锡展读友人辞情哀苦的遗书，痛不欲生。柳宗元书中托以抚孤之事。因此，就在旅途中，刘禹锡含悲忍痛，安排柳宗元的后事。他驰书韩愈，托其为共同的朋友撰写墓志铭，接着又向死者生前友好分送讣告。

刘禹锡一回到洛阳，立即去柳州吊唁，并写下《祭柳员外文》。

8个月后，柳宗元归葬万年先人墓侧，刘禹锡携亡友遗孤前去祭奠，又写下《重祭柳员外文》。从此，他不负重托，视友人子如同己子，抚养成人，并呕心沥血编辑柳宗元诗文集，传之于世。

此后的20多年，刘禹锡辗转四川、安徽任刺史。虽然最终又回到朝中，出任翰林学士、太子宾客、检校礼部尚书等显职，但他早已是意兴阑珊。对友人的怀念，并未随时光的流逝烟消云散。

柳宗元和刘禹锡之间友、情，体现了儒家"五伦"中所说的友谊，有如夜空中的明月，有如黑暗中的烛光，一直照亮着古代文坛与政坛的一片天空。

犯而不校

曾子曰："以能问于不能；以多问于寡；有若无，实若虚；犯而不校①。昔者吾友②尝从事于斯矣。"

曾子曰："可以托六尺之孤，可以寄百里之命，临大节而不可夺也。君子人与？君子人也。"

曾子曰："士不可以不弘毅③，任重而道远。仁以为己任，不亦重乎？死而后已，不亦远乎？"

子曰："兴于《诗》，立于《礼》，成于《乐》。"

【注释】

①校：同"较"，计较。

②吾友：我的朋友。一般都认为这里指颜渊。

③弘毅：弘，志量弘大。毅，强毅。

【解释】

曾子说："自己有能力却向没有能力的人请教，自己知识丰富却向缺少知识的人请教；有才学就好像没有一样，满腹经纶却像空无一物一样；纵使被欺侮，也不去计较——以前我的一位朋友就这样做过。"

曾子说："可以把年幼的孤儿托付给他，可以把国家的政权托付给他，面临生死存亡的紧急关头而不动摇屈服。这样的人是君子吗？是君子啊！"

曾子说："读书人不可以不刚强而意志坚强，因为他担负着沉重的责任而且路途遥远。以实现仁德于天下为自己的任务，难道还不重大？奋斗终生，至死方休，难道路途不遥远吗？"

孔子说："人的修养开始于学《诗》，自立于学《礼》，完成于学《乐》。"

【故事】

中华第一勇士蒙恬

蒙恬出身于一个世代名将之家。祖父蒙骜为秦国名将，在秦昭王手下，官至上卿。蒙恬成长于武将之家，深受家庭环境的熏陶，自幼胸怀大志，立志冲锋陷阵，报效国家。他天资聪颖，熟读兵书，逐渐培养了较高的军事素养。

公元前221年，蒙恬被封为将军，亲率大军攻破齐都，实现了秦始皇梦寐以求的全国统一。蒙恬也因破齐有功被拜为内史，成为京城的最高行政长官。

正当秦国都城咸阳城里欢庆胜利的时候，秦国北部边境传来匈奴频繁骚扰并大举南侵的消息。匈奴军队杀人放火，抢劫牲畜财物，边疆人民苦不堪言。这时，秦国刚刚统一，人心思定，军民厌战。

蒙恬不顾连年征战的辛劳，接受北逐匈奴的命令，开赴河套一带。

公元前215年，秦始皇以蒙恬为帅，统领30万秦军北击匈奴，日夜兼程赶赴边关。扎下大营后，蒙恬一边派人侦察敌情，一边亲自翻山越岭察看地形。第一次交战，就杀得匈奴人仰马翻，四散溃逃。

公元前214年的春天，蒙恬跟匈奴人在黄河以北，进行了几场战争，匈奴主力受重创。这几场战争最具决定性的意义，匈奴人被彻底打败，向遥远的北边逃窜。蒙恬没有辜负众望，勘定河套，打得匈奴魂飞魄散。

经过河套之战，当时的秦军再无敌手，蒙恬也一跃成为秦帝国最为出色的将领。蒙恬勇敢作战、出奇制胜、击败匈奴的大战，是他一生征战的最大的一次战绩，人们称赞他是"中华第一勇士"。

在战争这期间，还发生了蒙恬和扶苏的一段友情插曲。

秦始皇统一全国后，为了巩固其政治统治，施行严酷的暴政。一场天下读书人的灾难席卷中华大地。

秦始皇大举焚书坑儒，他的长子扶苏竭力阻止，秦始皇非但不听，反而把他贬到边关，让他监督蒙恬守卫边疆。从此，扶苏和蒙恬就结下了不解之缘。

扶苏初到边关，甚为苦闷，蒙恬劝告他说，既来之则安之，守边也很重要。扶苏感到蒙恬待他诚恳热心，便安下心来协助蒙恬训练军队。两人甚是投机，便成了无话不说的朋友，这为蒙恬的含冤而死埋下了伏笔。

在蒙恬打败匈奴，拒敌千里后，带兵继续坚守边陲。他根据"用险制塞"以城墙来制骑兵的战术，调动几十万军队和百姓筑长城。

把战国时秦、赵、燕三国北边的防护城墙连接起来，建起了西起临洮，东至辽东的长达万里的长城，用来保卫北方农业区域，免遭游牧匈奴骑兵的侵袭。

蒙恬又于公元前 211 年，发遣 3 万多名罪犯到兆河、榆中一带垦殖，发展经济，加强军事后备力量。蒙恬又派人马，从秦国都城咸阳至九原，修筑了宽阔的道路，缓解了九原交通闭塞的困境。

蒙恬还沿黄河河套一带设置了44个县，统属九原郡，建立了一套治理边防的行政机构。蒙恬和公子扶苏还曾经多次上书秦始皇请求减免徭役，同时，和扶苏商议如何合理安排人力，来减轻徭役。

蒙恬的这些措施，不但加强了北方各族人民经济、文化的交流和融合，更重要的是对于调动军队，运送粮草等具有重要战略意义。

风风雨雨、烈日寒霜，蒙恬将军驻守九郡10余年，威震匈奴，受到始皇的推崇和信任。然而，英雄背后往往都隐藏着各色的小人，致使很多英雄经常不是战死在沙场，而是饮恨不能善终。

蒙恬的死可以说是带着悲壮、无奈与叹惋。早在蒙恬被封为将军时，其弟蒙毅也位至上卿。蒙氏兄弟深得秦始皇的尊崇，蒙恬担任外事，蒙毅常为内谋，当时号称"忠信"。其他诸将都不敢与他们争宠。蒙毅法治严明，从不偏护权贵，满朝文武，无人敢与之争锋。

有一次，内侍赵高犯有大罪，蒙毅依法判其死罪，除去他的宦职，但却被秦始皇赦免了。从此时起，蒙氏兄弟便成了赵高的心病。

公元前210年冬，秦始皇嬴政游会稽途中患病，派身边的蒙毅去祭祀山川祈福，不久秦始皇在沙丘病死，死讯被封锁。

此时担任中车府令的赵高想立公子胡亥，于是就同丞相李斯、公子胡亥暗中谋划政变，立胡亥为太子。因早先赵高犯法，蒙毅受命公正执法，引起赵高对蒙氏的怨恨，因此，黑手就首先伸向了蒙氏。

秦始皇死后，赵高担心扶苏继位，蒙恬得到重用，会对自己不利，就扣住遗诏不发，与胡亥密谋篡夺帝位。他又威逼利诱，迫使李斯和他们合谋，假造遗诏。

"遗诏"指责扶苏在外不能立功，反而怨恨父皇，便遣使者以捏造的罪名赐公子扶苏、蒙恬死。

扶苏自杀，蒙恬内心疑虑，请求复诉。使者把蒙恬交给了官吏，派李斯等人来代替蒙恬掌兵，囚禁蒙恬于阳周。

胡亥杀死扶苏后，便想释放蒙恬。但赵高深恐蒙氏再次贵宠用事，对己不利，执意要消灭蒙氏，便散布在立太子问题上，蒙毅曾在始皇面前毁谤胡亥。胡亥于是囚禁并杀死了蒙毅，又派使者前往阳周去杀蒙恬。

使者对蒙恬说："你罪过太多，况且蒙毅当死，连坐于你。"

蒙恬说："自我先人直至子孙，为秦国出生入死已有三代。我统领着30万大军，虽然身遭囚禁，我的势力足以背叛。但我知道，我应守义而死。我之所以这样做，是不敢辱没先人的教诲，不敢忘记先主的恩情。"

使者说："我只是受诏来处死你，不敢把将军的话传报皇上。"

蒙恬长叹道："我怎么得罪了上天？竟无罪而被处死？"沉默良久又说，"我的罪过本该受死，起临洮，到辽东筑长城，挖沟渠一万余里，这期间不可能没挖断地脉，这便是我的罪过呀！"

于是吞药自杀。

最勇猛的武将项羽

项羽出生在名将世家，他的祖父项燕为战国末年楚国名将，后与秦作战兵败自杀。叔父项梁也极为勇猛，秦统一后，项梁因为杀了人，便带着项羽躲避在吴中。

项羽在青年时代就力能扛鼎，学书、学剑都不成。这使项梁很生气，于是改教他兵法。他略知大意后，即不肯深学。但项羽少怀大志，疾恶如仇，看见秦始皇时，发出了"彼可取而代之"的感叹。

公元前209年，陈胜、吴广在大泽乡领导反秦起义，随即建立张楚政权。

原六国贵族闻讯后，也纷纷起兵响应。这年秋，项梁与项羽也起兵，带领吴中兵士反秦，当时项羽为裨将，手下有精兵8000人。

公元前208年，项梁即率所部渡江，途中东阳令史陈婴率义军2万名投奔项军。渡过淮河后，秦降将英布等又以兵相随，项军兵力一时达到六七万人，成为当时反秦武装的主力。

这年夏天，项梁召集起义将领计议，自号武信君。之后，项梁率义军分别大破秦军于东阿、定陶。

项羽和在反秦浪潮中造反的刘邦也攻占城阳、雍丘。不久，由于项梁骄傲轻敌，被秦将章邯乘隙袭破，项梁阵亡。项羽、刘邦退保彭城。

这时，秦将章邯又渡河北上击赵，与秦将王离、涉间合军进围巨鹿，要消灭起义军。楚怀王命宋义为上将军，项羽为次将，率兵救赵。

宋义到安阳后，滞留46天不前进，想坐观成败。于是，项羽以宋义与齐密谋反楚为名，杀死了宋义。

怀王即命项羽为上将军，统率全军救赵。

项羽派2万兵马迅速渡过漳河，以解巨鹿之围；自己亲自率全军渡河，破釜沉舟，进击秦军。双方经9次激战，楚兵大破秦军，王离被俘，涉间自杀。

巨鹿一战，秦朝的主力被消灭殆尽，亡国只是迟早的事了。当楚军救赵时，诸侯军皆作壁上观。

战事结束后，诸侯将领拜见项羽，都跪着向前，看都不敢看他。从此，各路诸侯军都听从项羽指挥。接着，项羽又大破秦军，并利用秦统治集团内部矛盾招降了章邯。

当项羽率军进入关中时，刘邦已先期进据咸阳。由于有约在先，"先入关者为王"，刘邦理应称王。

但项羽入关后，却倚恃手中40万大军，企图消灭刘邦，独霸天下。在鸿门宴上，刘邦在谋士张良的帮助下，卑辞言和，骗取了项羽的信任，双方的紧张关系暂时缓解。

鸿门宴之后，项羽随即引兵咸阳，诛杀秦降王子婴，焚烧秦宫室，掳掠财宝和美女东归，使自己再一次大失民心。

公元前206年，项羽以怀王为义帝，又分封各诸侯为王，自立为西楚霸王，占有梁地、楚地九郡，定都彭城，封刘邦为汉王。不久，田荣、陈余、彭越等相继举兵反楚。

刘邦也以关中为基地，进逼西楚。于是，爆发了历时4年多的楚汉战争。

项羽自称西楚霸王后，号令天下，大失民心。他自己也渐渐骄傲起来，对其他的诸侯放松了警惕，从而逐渐由强盛走下坡路，最后招致"垓下之围"的悲惨结局。

在垓下，项羽被刘邦的军队重重包围，兵少粮尽，只剩28骑。而追他的汉骑有数千之多。项羽命令骑兵都下马步行，手持短兵器与追兵交战。他自己飞斩敌将，杀死汉军几百人，使令汉军畏而却步。项羽自己也负伤10多处。项羽依然坚决抵抗，即使到了乌江，走投无路时，乌江亭长要渡他到江东去，他也不愿让江东父兄看到他兵败将亡、狼狈不堪的情景。

所以，他拒绝渡江。

后来，项羽终因寡不敌众，四面楚歌，面对着美人虞姬和名马乌骓，流下了伤心的眼泪，以自刎来结束了自己的生命。

项羽自刎前，仍称"此天之亡我，非战之罪也"，而不能认识自己终致失败的原因。后来，刘邦以鲁公礼葬项羽于谷城。

关羽集大义于一身

义是儒家最常用的一个道德概念，成为做人的最高标准，我国传统文化无不把义作为道德的核心内容。三国时期关羽是我国历史上第一忠义之人，是集大义于一身的典范。被后人尊称为"义帝"，是儒家"义德"的完美形象。

关羽，三国时期的名将。他的"义"，是报国安民的为臣之忠义，是交友之道的为友之恩义，是济困扶危的为人之侠义。

在儒家看来，"义"以"忠"为先。儒家认为，"义"是"立德之本，诸德之发也"、"君臣父子之间之事曰义"。关羽对刘备，对汉室十分忠诚，表现为报国安民的为臣之忠义。

关羽所处的时代战乱频仍，诸侯四起，群雄纷争。他在未投靠刘备之前是一个落难之人，拥有一身武艺。他先准备投靠汉鲁公，之后是幽州太守刘焉，这说明关羽开始就打算投于汉献帝帐下。

关羽对刘备、汉室的忠义主要表现在降曹前后。

在当时，汉献帝名存实亡，而刘备代表了汉室宗族，所以关羽提出"降汉不降曹"，"但知刘皇叔去向，不管千里万里，便当辞去"。他降曹后，尽管曹操为了笼络他，送金银器皿及美女、锦袍、赤兔马等，用尽一切手段，但最终还是不能笼络关羽忠"汉刘"的心。

关羽斩颜良，解"白马之围"后，曹操封其为"寿亭侯"，关公执意不受。后曹操在"寿亭侯"前加一"汉"字，关羽才拜受。

关羽对曹操的厚恩下拜致谢只有一次，那就是曹操赠给他赤兔马，原因只是"此马日行千里，若知兄长下落，可一日而见面矣"，这使"曹操愕然而悔"，使得人们对关羽的忠义更加钦佩。

其实，关羽投靠刘备，也是因为刘备宽仁厚道，不弄奸诈，礼贤下士；志向远大，知人善用；爱民如子，深得民心；与关张又有深厚的友谊，重义气，轻富贵。刘备具备"德"这个条件，就可以做皇帝，因此关羽最后择明主刘备就不足为怪了。

关羽为友之恩义表现为重承诺，轻生死，义不负心。从刘、关、张结义开始，直至刘、张为关羽报仇，出兵伐吴，双双以死殉义，履行了他们3人在桃园结义时的誓言。

犯而不校

刘、关、张徐州兵败之后，关羽保护刘备家眷被困土山，张辽来说降时，关羽说"吾今虽处死地，视死如归，汝当速去，吾即下山迎战！"可见他后来降曹非求苟活，而是为了保全大哥刘备的两位夫人及桃园之盟。

关羽降曹之后，曹操为收买其心，三日一小宴，五日一大宴，待如上宾，对关羽恩宠优待有加。但关羽不为所动，他的信念是"君知我报君，友知我报友"，具有极浓的封建报恩色彩。

关羽由于曹操对自己有恩，因此他斩颜良，诛文丑，解"白马之围"来报效。而在华容道上，这个义重如山的大英雄，想起当日曹操的许多恩义，面对曹操的苦苦哀求，不顾触犯军法，把曹操放了。

当然，如果依照当时的政治标准来看，放走曹操是敌我不分，站错了立场，但如果以民间的道德标准来评价，这是义不负心。

千百年来，对于重然诺、轻生死、义不负心的义士，人们交口称誉，反之，对忘恩负义之徒，人们无情谴责。与关羽形成鲜明对比的是同时代的吕布，他先因董卓赠金银珠宝、赤兔马，而杀了义父丁原拜董卓为义父，后又为貂蝉而杀了董卓，在兵败被擒后还试图投降曹操。

吕布被世人视为"忘恩负义"之徒，永远钉在历史的耻辱柱上。

因此，关羽虽然"义释曹操"，看似失节，但是并没有影响他在人们心目的地位，反而更突出了关羽的性格，人们从心里原谅他，认可他。

可以这么说，关羽的重承诺、轻生死、义不负心，已经成了华夏民族的又一道德标准。

"侠"是我国历史文化的特殊产物，具有鲜明的民族特色和深厚的文化底蕴。侠义，在民间被理解为急人危难，舍生忘死的品质；仗义疏财，济困扶危的慷慨行为；疾恶如仇，为天下除害的献身精神；抗击侵略，救亡图存的爱国热情，以及浓厚的大无畏精神。关羽为人的侠义，表现为济困扶危的大无畏精神。

关羽本不姓关，年少时力气最猛，难以约束，他的父母无奈之下把他紧闭在后园的一间空房子里。一天晚上，月明星稀，关羽启窗越出，闲步园中。

这时，关羽忽听墙东有女子啼哭，声音甚是悲苦，兼有老人的哭声。他感到奇怪，就顺着墙脚来到近前询问。

老者向关羽哭诉说："我的女儿已受聘于人，但本县舅爷看到小女有姿色，要强娶为妾。我向他们告知实情，反受他们的叱骂，因此在这里父女相对而泣。"

关羽闻言大怒，仗剑径直来到县署，杀死县太爷和他的舅舅，然后外逃。关羽这种疾恶如仇的举动，够得上"侠义"两字了。

关羽不为曹操的高官厚禄所收买，终弃曹归刘，用他自己的话说是"受刘将军厚恩"，"誓同生死，不可背之"。

但实际上，关羽追随的刘备始终是在穷愁窘迫不得势的境遇里，这就更显出关羽的侠肝义胆。

当时刘备颠沛流离，仰人鼻息，投在袁绍处。曹操可以给关羽高官厚禄，金银美女，而刘备没有办法给他。即使如此，关羽仍"新恩虽厚，旧情难忘"。一举一动，一思一念，都专注在那存亡未卜，穷愁窘迫的刘备身上，生则"不可背之"，死则"从于地下"。

关羽不管千里万里，冒着生命危险去投奔刘备，表明他义重如山，不趋炎附势的难能可贵。这种济困扶危的侠义精神，体现出人民所喜爱的"患难与共，福祸共之"的光彩性格。侠义精神在另一方面是大无畏精神的体现。最能表现出关羽大无畏精神的是刮骨疗伤。

有一次，关羽攻曹仁之时，为守城乱箭所伤，射中右臂，箭头有药，毒已入骨，右臂青肿，不能运动。

名医华佗前来为关羽治伤，他对关羽说："当于静处立一标柱，上钉大环，请君侯将臂穿于环中，以绳系之，然后以被蒙其首。吾用尖刀割开皮肉，直至于骨，刮去骨上箭毒，用药敷之，以线缝其口，方可无事。但恐君侯惧耳。"

关羽不同意把自己绑在柱子上，即伸臂给华佗医治，让他刮骨。在手术过程中，"佗用刀刮骨，悉悉有声。帐里帐外见者，皆掩面失色"，而关羽"饮酒食肉，谈笑弈棋，全无痛苦之色"。

由此可见，关羽"无畏"至极，就连"神医"华佗也不由得称赞："君侯真天神也！"

关羽为臣、为友、为人，忠贯日月，义薄云天，很好地诠释了儒家"义德"的内涵。他自身所具有的和被后世所叠加上的那些道德观念和道德精神，成了中华民族传统道德文化中的一份沉甸甸的遗产。关羽，人们不但热爱他，更尊重他！

祖冲之解开圆周之谜

祖冲之（429~500），中国南北朝时的科学家。他计算出的圆周率数值在 3.1415926 和 3.1415927 之间，是当时全世界最精确的圆周率数值。童年不爱读书，喜欢数学和天文。

公元 429 年，祖冲之出生在范阳（今河北涞水）。祖父祖昌是当朝的大匠卿，主管建筑工程，并且对天文历法及数学有一定的研究。

祖父经常给祖冲之讲一些科学家的故事，其中张衡发明地动仪的故事深深打动了祖冲之幼小的心灵。

祖冲之常随祖父去建筑工地，晚上，在那里他常同农村小孩们一起乘凉、玩耍。

天上星星闪烁，在祖冲之看来，这些星星很杂乱地散布着，而农村孩子们却能叫出星星的名称，如牛郎、织女以及北斗星等，此时，祖冲之觉得自己实在知道得很少。

祖冲之不喜欢读古书。5 岁时，父亲教他学《论语》，两个月他也只能背诵十几句。气得父亲又打又骂。可是他喜欢数学和天文。

一天晚上，祖冲之躺在床上想白天老师说的"圆周是直径的 3 倍"这话似乎不对。

第二天早，他就拿了一段妈妈纳鞋子的绳子，跑到村头的路旁，等待过往的车辆。

一会儿，来了一辆马车，祖冲之叫住马车，对驾车的老人说："让我用绳子量量您的车轮，行吗？"老人点点头。

祖冲之用绳子把车轮量了一下，又把绳子折成同样大小的 3 段，再去量车轮的直径。量来量去，他总觉得车轮的直径没有 1/3 的圆周长。

祖冲之站在路旁，一连量了好几辆马车车轮的直径和周长，得出的结论是一样的。

这究竟是为什么？这个问题一直在他的脑海里萦绕。他决心要解开这个谜。

经过多年的努力学习，祖冲之研究了刘徽的"割圆术"。所谓"割圆术"就是在圆内画个正 6 边形，其边长正好等于半径，再分 12 边形，用勾股定理求出每边的长，然后再分 24、48 边形，一直分下去，所得多边形各边长之和就是圆的周长。

祖冲之非常佩服刘徽这个科学方法，但刘徽的圆周率只得到 96 边，得出 3.14 的结果后就没有再算下去，祖冲之决心按刘徽开创的路子继续走下去，一步一步地计算出 192 边形、384 边形……以求得更精确的结果。

当时，数字运算还没利用纸、笔和数码进行演算，而是通过纵横相间地罗列小竹棍，然后按类似珠算的方法进行计算。

祖冲之在房间地板上画了个直径为 1 丈的大圆，又在里边做了个正 6 边形，然后摆开他自己做的许多小木棍开始计算起来。

此时，祖冲之的儿子祖暅已 13 岁了，他也帮着父亲一起工作，两人废寝忘食地计算了十几天才算到 96 边，结果比刘徽的少 0.000002 丈。

祖暅对父亲说："我们计算得很仔细，一定没错，可能是刘徽错了。"

祖冲之却摇摇头说："要推翻他一定要有科学根据。"

于是，父子俩又花了十几天的时间重新计算了一遍，证明刘徽是对的。

祖冲之为避免再出误差，以后每一步都至少重复计算两遍，直到结果完全相同才罢休。

祖冲之从 12288 边形，算到 24567 边形，两者相差仅 0.0000001。祖冲之知道从理论上讲，还可以继续算下去，但实际上无法计算了，只好就此停止，从而得出圆周率必然大于 3.1415926，而小于 3.1415927。

很多朋友知道了祖冲之计算的成绩，纷纷登门向他求教。之后，祖冲之又进一步得出圆周率的密率是 355/113，约率是 22/7。直到 1000 多年后，德国数学家鄂图才得出相同的结果。

司马光识人善用荐才

北宋时期的宰相司马光是著名的学者、史学家。

司马光当宰相后日理万机，案头文书堆积如山，其中有不少是旧友来函，内容大都是一些叙述个人目前处境如何不好，表示希望能够得到司马光的提携。司马光也并非全然不念旧情，对旧友中那些德行好、有才气的，他是忘不掉的。

一天，国史馆的刘器之来拜望司马光，谈完公事后，司马光问刘器之道："器之，你知道你是怎样进入史馆的？"

他接着说："在我赋闲居家时，你经常去我那里。我当时心境不好，你常常宽慰我，鼓励我。我那时无权无势，能有你这样的朋友，真是幸事！后来我做了官，如今已是宰相，那些过去的泛泛之交，都纷纷给我来信，要官。只有你从不给我来信，依旧读书做学问，对失意人不踩，对得意人不捧，这就是你与其他人的不同处。我就是冲这一点竭力向朝廷推荐你的……"

刘器之听罢，起身对司马光深深一揖："君实兄知我，我由此更知君实兄！"

笃信好学，守死善道

子曰："好勇疾①贫，乱也。人而不仁②，疾之已甚③，乱也。"

子曰："如有周公之才之美，使骄且吝，其余不足观也已。"

子曰："笃信④好学，守死善道⑤。危邦不入，乱邦不居。天下有道则见⑥，无道则隐。邦有道，贫且贱焉，耻也；邦无道，富且贵焉，耻也。"

【注释】

①疾：恨、憎恨。

②不仁：不符合仁德的人或事。

③已甚：已，太。已甚，即太过分。

④笃信：坚信。

⑤善道：此指仁义之道。

⑥见：通"现"，出现，此指出来做客。

【解释】

孔子说："喜好勇敢而又恨自己太穷困，就会犯上作乱。对于不仁的人或事逼迫得太厉害，也会出乱子。"

孔子说："一个在上位的君主即使有周公那样美好的才能，如果骄傲自大而又吝啬小气，那其他方面也就不值得一看了。"

孔子说："坚守信念，努力学习，誓死主持正义；不入险地，不住乱世；国家太平则一展才华，社会黑暗则隐姓埋名。治世中，贫贱就是耻辱；乱世中，富贵也是耻辱。"

【故事】

帝喾以诚信赢万民

中华民族的诚信思想源远流长，早在4000多年前的帝喾时期就有了很强的诚信观。它是一种美德，一种品质，为中华民族历代所信奉。诚信思想体现了原始社会人们的精神风貌，是中华民族"诚信"美德的历史渊源，对后世产生了极其深远的影响。

帝喾，号高辛氏，是黄帝的曾孙，父亲叫蟜极，他的伯父是颛顼。相传帝喾生于穷桑，即西海之滨，他的母亲因踏巨人足迹而生了他。

帝喾少小聪明好学，十二三岁便有盛名，15岁佐颛顼，封有辛这个地方，实住在帝丘。有辛就是后来的河南商丘，帝丘就是后来的濮阳。帝颛顼去世时，30岁的帝喾继颛顼帝位，迁都至亳邑，这里位于现在的河南偃师县西南。

帝喾养性自律，喜好巡游，他东到泰山、东海；东北至辽宁；北到涿鹿、恒山、太原；西北至宁夏、甘肃；西南至四川；南到湖北、湖南至长沙。他几乎游遍五岳，参观了女娲、少昊、黄帝等前人的遗迹。这些传说虽未必真实，但略见当时我国地域之辽阔。

帝喾时期可谓上古时期的太平盛世，这和他的诚信观念有很大关系。他在人民群众中尤以诚信而著称。"嫁女盘瓠犬"的故事历数千年而不衰。

据传说，有一次帝喾出巡大泽，就是现在的湖北洞庭湖一带。当时这里有一个古族叫犬戎，犬戎首领房王心怀不轨，与手下大将吴将军一起，率军围困帝喾，帝喾一时间不得脱险。

危急关头，帝喾悬出赏格：谁能打败房王和房王的吴将军，除了赏黄金千镒、封居有万家的土地外，还把自己的女儿嫁给他。

帝喾当初离开京城太远，兵力又少。将士们虽然很奋勇努力，也无济于事，房王的军队很多。吴将军想打进去，杀死帝喾。但房王想，那样不好向天下交代。房王想把帝喾围困在那里，让他饿死困死，所以才没有发动进攻。

帝喾出巡时带了他的女儿同行。他的女儿还带着她养的那条叫盘瓠的狗。盘瓠与主人形影不离，时刻都在保护着主人，非常勇敢，每当外出，总是走在主人前面，探查路径好不好走。而且它非常机灵，主人的一个眼神，它都能明白是什么意思。

盘瓠发现主人这几天不开心，似乎觉得主人有了大难。于是，他咬了咬主人的衣角，然后迅速跑出去，左拐右拐，钻进了房王的驻地。

房王和吴将军都认出来了是帝喾女儿的那条叫盘瓠的狗，很喜欢。就对着它自言自语地说："你是不是知道高辛氏要亡，孤家要兴，所以才来投奔我的？"

当时有个说法，认为狗会带来财运，而假如一只狗突然不期而至，那就预示着将有更大的财运到来。

笃信好学，守死善道

盘瓠摇了摇尾巴，趁他们不注意，突然发起攻击，很短的时间就咬死了房王和吴将军，并把两个人的头给衔了回来。

在帝喾生死存亡之际，是盘瓠解了他们的被围之苦。帝喾言出必行、履行承诺，真的把女儿嫁给了盘瓠。但是，盘瓠却背着帝喾的女儿跑到深山之中，并与其结婚生育子女。多年以后，盘瓠和帝喾的女儿都去世了。

帝喾得知消息后，就把盘瓠的子女们接回了京城。但这些子女在深山老林里待惯了，很少驯良，有一股野性。帝喾不让他们到处走，也不让家人与他们接触交往，害怕他们带坏了别的孩子。

帝喾深思熟虑后，决定分封他们每个人一片土地，让他们各自为生，免得他们闹得京城不安。盘瓠的子女求之不得，拍着巴掌叫好。

后来，盘瓠的子女们有的回到当年他们父母原来住过的山洞，有的到了涂山，自相婚配，子女非常多。有的还渡海东去，得到一片周围300里的地盘，建起一个很大的部落，部落里的人被称为犬封氏。

帝喾的诚信之举，在人们的心目中产生很大影响，所有人都觉得帝喾是一个值得信赖、值得依靠的人。在帝喾的诚信精神带动下，上行下效，人们和睦相处，以不讲诚信为耻，以讲诚信为荣，从而使社会树立起了良好的诚信风尚。

帝喾不仅讲诚信，还以讲究知人善任，以德治国。他继承颛顼治国策略，并有新的突破。他的治国方略是：

德莫于博爱于人。政莫高于博利于人。政莫大于信，治莫大于仁。

在当时，人们虽有一年四季的概念，但只是日出而作，日落而息，没有一个科学的时辰顺序，严重制约了农业发展和人们生活质量的提高。

为进一步促进农业发展和人们生活质量的提高，帝喾观北斗四时指向，以定时令；用占卜的方式推算望、晦、朔、迎日，以定周天历变，然后颁告天下。

帝喾治历明时，指导人们按照节令从事农事活动。他的这些活动，极大地促进了当时社会生产力的发展，加快了华夏人民迈入农耕文明新时代的步伐。

帝喾了解民间的疾苦，对天下人都一律平等。他绝不违背自然规律，又恭敬地祭祀天地鬼神，祈求神灵降福万民。由于他德行崇高，因此深受百姓的爱戴。在他的治理下，社会富足，人民安居乐业。

帝喾也能知人善任。大羿的射箭技术天下无双，帝喾选拔他担任射官，赐给他彤弓和嚆矢。大羿立下誓言，一定恪尽职守，不负帝喾厚望。当有人发动反叛时，大羿总能凭借高超的射箭技术，最终将其平定。

咸黑长于音乐和制作乐器，帝喾就命他为乐官，终于创作出《九韶》之乐，是当时尽善尽美的乐舞节目。

咸黑不负帝喾重托，还制作出鼙鼓、笭、管、埙、帘等新乐器，使当时的乐曲更加动听了。

帝喾强调以诚信、仁德使天下治，创造了太平盛世。他前承炎黄，后启尧舜，奠定华夏根基，是华夏民族的共同人文始祖。西汉著名史学家司马迁在《史记》中颂扬帝喾说：

普施利物，不于其身聪以知远，明以察微，顺天之义，知民之急，仁而威，惠而信，修身而天下服……日月所照，风雨所至，莫不从服。

帝喾作为华夏上古时期一位著名的部落联盟首领，不仅能养性自律，大公无私，而且倡导诚信，明察善恶，为天下人所景仰，为历代帝王所推崇，时至今日，仍有积极意义。

尧舜禹的诚信美德

中华民族的诚信思想源远流长，早在尧舜禹时期就已经形成了比较完整的诚信观。它是一种美德，一种品质，为中华民族历代所信奉。诚信思想体现了原始社会人们的精神风貌，是中华民族"诚信"美德的历史渊源，对后世产生了极其深远的影响。

尧作为原始部落的一位首领，他非常注重自己的德行，恪守诚信。当时国家已经出现了萌芽，尧在治理国家方面，一贯坚持"诚信"原则。

尧首先规定百官的事务，他命令羲氏与和氏，敬慎地遵循天数，推算日月星辰运行的规律，制定出历法，把天时节令告诉人们。

又命令羲仲住在东方的旸谷，恭敬地迎接日出，辨别测定太阳东升时刻。昼夜长短相等，南方朱雀七宿黄昏时出现在天的正南方，依据这些确定仲春时节。这时，人们分散在田野，鸟兽开始生育繁殖。

又命令羲叔住在南方的交趾，辨别测定太阳往南运行的情况，恭敬地迎接太阳从南回来。白昼时间最长，东方苍龙七宿中的火星黄昏时出现在南方，依据这些确定仲夏时节。这时，人们住在高处，鸟兽的羽毛稀疏。

又命令和仲住在西方的昧谷，恭敬地送别落日，辨别测定太阳西落的时刻，昼夜长短相等。北方玄武七宿中的虚星黄昏时出现在天的正南方，依据这些确定仲秋时节。这时，人们又回到平地上居住，鸟兽换生新毛。

又命令和叔住在北方的幽都，辨别观察太阳往北运行的情况。白昼时间最短，西方白虎七宿中的昴星黄昏时出现在正南方，依据这些确定仲冬时节。这时，人们住在室内，鸟兽长出了柔软的细毛。

在尧的安排和百官的努力下，许多事情就都兴办起来。过了些时候，尧又以诚信为标准来考察百官的政绩。

尧说："善治四时之职的是谁啊？我要提升任用他。"

大臣放齐说："您的儿子丹朱很开明。"

尧说："唉！他说话虚妄，又好争辩。"

尧说："善于处理我们政务的是谁呢？"

三苗首领兜说："共工防救水灾已经具有成效。"

尧说："他花言巧语，阳奉阴违，貌似恭谨，而气焰很高。"

尧说："四方诸侯之长，滔滔的洪水普遍危害人们，水势奔腾包围了山岭，淹没了丘陵，浩浩荡荡，弥漫连天。臣民百姓都在叹息，有能使洪水得到治理的人吗？"

人们都说："鲧吧！"

尧说："他违背人意，不服从命令，危害族人。"

四方诸侯之长说："起用吧！试试，就用他。"

尧说："去吧鲧，要谨慎啊！"

过了9年，鲧治水无果，尧就让他的儿子禹继续做这件事。禹表示一定完成这个任务。

后来，尧对四方诸侯之长说："我在位70年，你们能用我之命，升任我的帝位吧！"

笃信好学，守死善道

四方诸侯之长说："我们德行鄙陋，不配升任帝位。"

尧说："可明察贵戚，也可推举地位低微的人。"

众人提议说："下面有一个名叫虞舜的人。"

尧说："我也听说过此人，这个人怎么样呢？"

四方诸侯之长回答说："他是乐官瞽叟的儿子。他的父亲心术不正，后母说话不诚，弟弟傲慢不友好，而舜能同他们和谐相处。因他的孝心醇厚，治理国务不至于坏吧！"

尧说："我试试吧，把我的两个女儿嫁给舜，从两个女儿那里观察舜的德行。"

于是尧帝命两个女儿下到妫水湾，嫁给虞舜，派虞舜到各地去同群众一起干活。

虞舜到历山脚下去种地。原来那里的农民经常为了争夺土地而闹得不可开交，虞舜一去，农民们就互相谦让，你帮我，我帮你，把生产搞得很好。

虞舜到雷泽地方去捕鱼。本来那里的渔民经常为了争夺房屋而打得头破血流，虞舜一去，渔民们就互相让房屋，和睦得像一家人。

虞舜到河滨去烧制陶器。原来那时的陶工干活粗制滥造，陶器的质地粗劣，虞舜一去，陶工们就认真工作，制作出来的陶器十分精美。

虞舜每到一个地方，人们都紧紧跟着他。舜时父权制已确立，私有财产也已产生。舜拥有许多私有财产，有牛羊，仓库里储存许多物品。

虞舜的父亲和弟弟象听说后又起了坏心。有一回，瞽叟叫舜修补粮仓的顶。当舜登梯子爬上仓顶的时候，瞽叟就在下面放起火来，想把舜烧死。舜在仓顶上一见起火，想找梯子，梯子已经不知去向。幸好舜随身带着两顶遮太阳用的笠帽。他双手拿着笠帽，像鸟张开翅膀一样跳下来。笠帽随风飘荡，舜轻轻地落在地上，一点也没受伤。

瞽叟和象并不甘心，他们又叫舜去掏井。舜跳下井后，瞽叟和象就把一块块土石丢下去，把井填没，想把舜活活埋在里面，没想到舜下井后，在井边掘了一个孔道，钻了出来，又安全地回家了。

以后，舜还是像过去一样和和气气地对待他的父母和弟弟，瞽叟和象也不敢再暗害舜了。

唐尧听说虞舜这样宽宏大量，对他更加放心了，就把治理天下的大权交给了他。

虞舜行使治理大权后，不仅本人恭敬诚信，而且他考察百官，以诚为标准来确定功绩。为此，他要求百官生产依时，安抚远近臣民与百姓，并希望他们安抚远方，爱护近邻，尚厚德，信任善类。

舜让禹总揽朝政，嘱咐他做好百揆这件事；又让弃主持农业，教人们播种各种谷物；让契做司徒，谨慎地施行五常教育；让皋陶做狱官之长；让垂做掌管百工的官；让益、朱虎和熊罴担任虞官；让伯夷做掌管祭祀的礼官；让夔主持乐官，教导年轻人；让龙做纳言的官，早晚传达命令。最后嘱咐他们要谨慎，要好好领导天下大事。

舜在派遣皋陶去蛮夷做官时，一再叮嘱他明察案情，处理事情诚信公正。舜在命龙为纳言官时，希望他如实传达下面的意见，诚实守信。在舜的直接垂范下，大臣们无不以讲诚信为荣。

皋陶不仅明确要求自己诚实地履行先王美德，做到决策英明，群臣和谐，还提出用"九德"作为检验人的行为标准。

皋陶提出的"九德"，就是宽宏而坚实，柔顺而卓立，谨慎而恭敬，多才而认真，和顺而刚毅，正直而温和，简易而方正，刚正而充实，坚强而又合宜。

皋陶强调说："发扬并保持这些美德，就会办事顺利。"

舜帝3年考察一次百官的政绩，考察3次后，根据百姓对百官的诚信程度，罢免昏庸的官员，提拔贤明的官员。由于百官大臣纷纷效仿舜，呈现出相互信任和谐的局面，社会也呈现出一片和乐景象，"百姓昭明，协和万邦"，"盗窃乱贼而不作，故外户而不闭，是谓大同"。

禹是夏王朝的建立者。早在帝尧时，就接替父职治理洪水。为了不失信于尧，禹挑战艰难，开始了治理洪水的工作。

在治水期间，禹翻山越岭，蹚河过川，拿着测量工具，从西向东，一路测度地形的高低，树立标杆，规划水道。他带领治水的民工，走遍各地，根据标杆，逢山开山，遇洼筑堤，以疏通水道，引洪水入海。就这样，禹完成了舜交给他的使命，实现了当初治水成功的诺言。

舜在位33年时，正式把天子之位禅让给了禹。17年以后，舜在南巡中逝世。在诸侯的拥戴下，53岁的禹正式即王位，以安邑为都城，国号夏。又收取天下的铜，铸成了九鼎，作为天下共主的象征。

九鼎是国家最重要的礼器。后人所说的"一言九鼎"，意思就是一句话抵得上九鼎重，比喻人们在说话时，信守承诺的力量起着决定性的作用。

由此我们发现，古代在阶级社会产生以前就已经存在诚信道德，就是在阶级社会里，讲诚信也是开明管理者的道德要求。这种重视诚信的思想，是我国所固有的一种优良传统，也是延续了几千年的一种民族美德，在儒家的思想体系里，是伦理道德内容中的一部分。

贾逵刻苦读书自学

贾逵，字景伯，东汉平陵（今咸阳）人。他历仕曹操、曹丕、曹叡三世，文武兼备。祖父贾习，曾口授贾逵兵法数万言。

贾逵少年时家里贫困，甚至冬天连棉裤也没有，但他却聪慧好学。5岁那年，有一天姐姐带他到院子里玩，忽然听见附近的私塾里传来一阵阵读书声。小贾逵羡慕极了，情不自禁地跟着老师诵读。姐姐见弟弟如此喜欢读书，就每天抱着他隔篱听课。

暑去寒来，贾逵隔篱偷学了五年，对老师讲授的"五经"与《左传》，竟能全文背诵下来。

10岁那年，父亲贾徽求学回家，发现儿子对经书十分熟悉，能背诵"五经"，非常惊喜。姐姐向父亲述说了贾逵的五年苦学。贾徽听后，赞叹不已。

针对儿子的薄弱环节，贾徽因材施教。在父亲的指导下，贾逵剥下庭中桑树皮作书板，对着教材边诵读边默写。桑树皮用完了，他就趴在门上、墙壁上写字。

贾逵就这样刻苦地自学，而且10年不中断。当他刚满20岁的时候，竟令人惊奇地为《左氏传》和《国语》写了51篇注释。

贾逵的名声传遍乡里，不少好学的青少年纷纷前来求教；大家都把他求书生活称为"舌耕"，以赞扬他的勤奋刻苦精神。

汉之飞将军李广

李广的祖先是秦王政时李信，曾率军击败燕太子丹。李广家族世代接受仆射这一官职。

公元前166年，匈奴大举入侵边关，李广少年从军，抗击匈奴。他作战英勇，杀敌颇众，使汉文帝大为赞赏。因善于用箭，杀死和俘虏了众多敌人，升为汉中郎，以骑士侍卫皇帝。

李广曾经多次跟随汉文帝射猎。

有一次，汉文帝出去狩猎。突然，眼前跳出一只斑斓猛虎。负责侍卫的李广立刻跳出，与猛虎扭打在一起，最后，李广以短剑将老虎刺死。

汉文帝慨叹道："可惜呀，你生在太平时期。如果生在大汉初年的战争年代，以你的武功，做个万户侯也不在话下！"

汉景帝即位后，李广升为武骑郎将。

当时，以被封为吴王的刘濞为中心的 7 个刘姓宗室诸侯由于不满国家削减他们的权力，所以兴兵叛乱，史称"七国之乱"。叛乱发生后，李广以骁骑都尉官职跟随太尉周亚夫出征平叛，在昌邑城下夺得叛军军旗，立下显赫战功。

平定"七国之乱"后，李广被调往上谷、上郡、陇西、雁门、代郡、云中等西北边陲做太守。他在抗击匈奴入侵的过程中，屡涉险境，战果斐然。

有一次，匈奴进攻上郡，汉景帝派了一名亲随到李广军中。这名亲随带了几十骑卫士出游，路上遭遇 3 名匈奴骑士，结果，卫士们全被射杀，亲随本人也中箭逃回，并把事件报告给李广。

李广说："这一定是匈奴的射雕手。"说完，他带上 100 名骑兵前去追赶那几个匈奴人。

那几个匈奴人没有马，徒步前行。刚走了几十里，就被李广追上了。李广命令他的骑兵左右散开，两路包抄。

李广开弓引箭，射杀了其中的两个，活捉了一个。李广一问，果然是匈奴的射雕手。

李广刚把俘虏缚上马，匈奴数千骑兵赶来，

见到李广等人，以为是汉军诱敌之兵，连忙抢占了一座高地。

李广所带的100名骑兵士慌忙欲逃。李广大喝道："我们远离大军数十里，逃必死！不逃，匈奴以为是诱敌之计，必不敢攻击我们。"

于是，带领兵士向匈奴骑兵迎去。离匈奴阵前2里处，他令士兵下马解鞍。

匈奴搞不清他们的意图，果然不敢攻击，只派一名将官出阵试探。李广飞马抢到阵前，将他射落马下，然后从容归队。

至夜半时，匈奴认为一定有汉军埋伏夜袭，就引兵而去。

公元前128年，匈奴又一次兴兵南下，前锋直指上谷。李广任骁骑将军，率1万骑兵出雁门关。在作战中，李广因寡不敌众而受伤。匈奴单于久仰李广威名，命令手下生擒李广。

匈奴骑兵抓住李广后，把受伤的李广放在两匹马中间，让他躺在用绳子结成的网袋里。走了十几里路，李广装死，斜眼瞧见他旁边有个匈奴少年骑着一匹好马，李广突然一跃，跳上匈奴少年的战马，把少年推下马，摘下他的弓箭，策马扬鞭向南奔驰。

匈奴骑兵数百人紧紧追赶。李广边跑边射杀追兵，终于逃脱，收集余部回到了京师。

李广展现出的惊人骑射技术，给匈奴人留下深刻的印象，这正是匈奴称其为"汉之飞将军"的由来。

公元前121年，李广以郎中令身份率4000骑兵从右北平出塞出征匈奴。部队前进了数百里，突然被匈奴左贤王带领的4万名骑兵包围。

李广的士兵们都非常害怕。李广就派自己的儿子李敢先入敌阵探察敌情。

李敢率几十名骑兵，冲入敌阵，突破匈奴的重围，抄出匈奴的两翼而回。回来后向李广报告说："匈奴兵很容易对付。"

李广的军士听了才安定下来。

笃信好学，守死善道

李广布成圆形阵势，面向四外抗敌。匈奴猛攻汉军，箭如雨下，汉兵死伤过半，箭也快射光了。李广命令士兵把弓拉满，不要发射，他手持强弩"大黄"射杀匈奴裨将多人，匈奴兵将大为惊恐，渐渐散开。

此时天色已晚，汉官兵都吓得面无人色，但李广却意气自如，更加致力于整饬军队。军中官兵从此都非常佩服李广的勇气。

第二天，他又和敌兵奋战。这时，一支救兵赶到，解了匈奴之围。

公元前119年，大将军卫青与骠骑将军霍去病深入漠北打击匈奴。李广多次请求随军出征，汉武帝认为他年老未被启用。后来汉武帝终于任命其为前将军，随卫青出征。

在发兵前，卫青得知单于的驻扎地后，决定亲自率部队袭击单于，命前将军李广与右将军赵食其从东路夹击。东路道迂回且远，水草极少，不利于行军。

李广希望作为先锋正面对抗单于。可是汉武帝认为李广年老又命数不好，出征时总是遇到各种状况，就暗地里嘱咐卫青不要让李广与单于正面对阵。

李广拒绝调动，卫青不接受他的请求，命令长史下道文书，让李广赶快到所在部队去，照文书说的办。李广没有向卫青告辞就回到营中，领兵与右将军会合，从东路出发。

但他的部队因无向导或者向导死亡，迷失了道路，落在大将军后面，耽误了约定的军期。

漠北之战，卫青虽然有效击杀匈奴，但单于逃走，卫青只得徒劳而返。在回军的路上，卫青与李广、赵食其会合。

会合后，由于要向武帝汇报此战的经过，卫青派长史拿了干粮酒食送给李广，顺便问起李广等迷路的情况。卫青回来后向天子上报，把走失单于的责任推给右将军赵食其。

李广一身正直，自然不答应，他叹道："我与匈奴交战70余次，如今幸随大将军深入漠北，而大将军又令我率部迂回远行，又迷失道路，这真是天意呀！"言毕，自负的李广拔出佩剑引颈自刎。

李广部下军士大夫一军皆哭。百姓闻李广死讯以后，无论认识与不认识他的，无论老者青年，皆为之流泪。

无一败绩的卫青

卫青从小与母亲在贵族人家做奴隶，获救后任侍中、建章监和太中大夫。公元前 129 年，他被封为车骑将军，开始了 10 年的戎马生涯。

公元前 128 年，匈奴骑兵大举南下。汉武帝派匈奴人敬畏的"飞将军"李广镇守右北平，匈奴兵则避开李广，而从雁门关入塞，进攻汉朝北部边郡。于是，汉武帝又组织了一次塞前近距离出击，共分 4 个方向，由卫青等 4 将统帅，各 1 万骑。

在这次近距离出击中，卫青本人身先士卒，将士们更是奋勇争先，他们袭击了匈奴的圣地龙城，歼敌 700 余人。而其余三将，或无所得，或损失过半，老将李广也战败被俘，途中抢马驰回本军。这一仗，充分显示了卫青的将才，受封关内侯。

公元前 127 年，匈奴贵族集结大量兵力，进攻上谷、渔阳。武帝决定发动河南战役，并由卫青统一指挥。这是西汉对匈奴的第一次大战役。

这次远距离的敌侧进军，随时有受到匈奴右贤王侧击的可能，所经大部分是从未到过的沙漠、草原，要从一侧压迫河南匈奴军于河套而歼灭之，更需行动迅速，组织周详。

所以，卫青对如何封锁消息，秘密行动，捕捉匈奴暗哨巡骑，寻找可靠的向导，了解水草位置，以及解决大军粮草供给等，都计划得很周到。

了解了情况之后，卫青率领4万大军从云中出发，采用迂回侧击的战术，西进绕到匈奴军的后方，迅速攻占高阙，切断了驻守河南地的匈奴白羊王、楼烦王同单于王庭的联系。

然后，卫青又率精骑，飞兵南下，进到陇西，形成了对白羊王、楼烦王的包围。匈奴白羊王、楼烦王见势不好，仓皇率兵逃走。

汉军活捉敌兵数千人，夺取牲畜100多万头，完全控制了河套地区。

因为这一带水草肥美，形势险要，汉武帝在此修筑朔方城，设置朔方郡、五原郡，从内地迁徙10万人到那里定居，还修复了秦时蒙恬所筑的边塞和沿河的防御工事。这样，不但解除了匈奴骑兵对长安的直接威胁，也建立起了进一步反击匈奴的前方基地。卫青立有大功，被封为长平侯。

匈奴贵族不甘心在河南地的失败，一心想把失去的地方重新夺回去，所以在几年内多次出兵，但都被汉军打了回去。

公元前124年春，汉武帝命卫青率3万骑兵从高阙出发；苏建、李沮、公孙贺、李蔡都受卫青的节制，率兵从朔方出发；李息、张次公率兵由右北平出发。这次总兵力有10多万人。

匈奴右贤王认为汉军离得很远，一时不可能来到，就放松了警惕。卫青率大军急行军六七百里，趁着黑夜包围了右贤王的营帐。

这时，右贤王正在帐中拥着美妾，畅饮美酒，已有八九分醉意了。忽听帐外杀声震天，火光遍野，右贤王惊慌失措，忙把美妾抱上马，带了几百名壮骑，突出重围，向北逃去。

汉军大获全胜，高奏凯歌，收兵回朝。汉武帝接到战报，喜出望外，派特使捧着印信，到军中拜卫青为大将军，所有将领归他指挥。汉武帝随后又封赏了随从卫青作战的其他将领。

公元前 119 年，汉武帝决心在漠北与匈奴主力决战。命卫青率四将军共 5 万余骑出定襄与左贤王所部决战，又命霍去病率 5 万精骑，出代郡求单于主力决战，另有步兵数十万掩护辎重在后跟进。这次关键性的漠北决战，卫青把沉着谨慎与大胆猛进和谐地结合起来，表现了很高的指挥艺术。

卫青大军一出沙漠，就遇单于主力严阵以待。卫青沉着应战，首先环车为营，自立于不败之地。

假如匈奴发起冲击，则汉军可依托武刚车阵，发挥强弩的威力，先以防御作战消耗敌人，然后后发制人发动攻击，这就大大削弱了匈奴以逸待劳的有利条件，夺得了战场的主动权，正合乎孙子所说的："先为不可胜，以待敌之可胜。"

当大风骤起之时，对双方造成的困难完全相同。取胜的因素主要看双方指挥官的智勇和军队的素质。卫青抢占先机，立即纵大军合围单于主力，充分显示了卫青的胆略。

匈奴主力陷入包围，也不知汉军有多少，战斗意志已完全瓦解。汉军训练有素，赏罚严明，纵然在两军互不相见的情况下，卫青的号令仍能层层下达，坚决执行。

匈奴军则素来善作鸟兽散，此时各级组织已失去指挥，各人自顾逃命，单于本人一走，胜败之局就定了。

公元前 106 年，卫青病故。汉武帝命人在自己的茂陵东边特地为卫青修建了一座像小山一样高的坟墓，以象征卫青一生的赫赫战功。

克敌远征的霍去病

霍去病自幼精于骑射，虽然年少，却渴望像舅舅卫青那样杀敌立功。在卫青领军对蒙古大沙漠以南的右贤王部和单于主力展开作战时，比卫青小 18 岁的霍去病跟随卫青出征。汉武帝特地任命霍去病为骠骑校尉，率 800 骑兵。

在战斗期间，霍去病脱离大军在茫茫大漠里奔驰数百千米奇袭匈奴，打击匈奴的软肋，斩敌 2000 多人，杀死匈奴单于祖父一个辈分的若侯产和季父，俘虏单于的国相及叔叔。

霍去病的首战，以夺目的战果，横空出世。为表彰霍去病的功绩，汉武帝将他封为"冠军侯"，赞叹他功冠诸军，并割两处封地给霍去病。

公元前 121 年春，霍去病被任命为骠骑将军，独自率领 1 万精兵出征匈奴。这就是河西大战。19 岁的统帅霍去病不负众望，在千里大漠中闪电奔袭，打了一场漂亮的大迂回战。

6 天中他转战匈奴 5 个部落，一路猛进，并在皋兰山与匈奴卢侯王、折兰王打了一场硬碰硬的生死战。

在此战中，霍去病惨胜，1 万精兵仅余 3000 人。而匈奴更是损失惨重，卢侯王和折兰王都战死，浑邪王子及相国、都尉被俘虏，被斩近 9000 人。匈奴休屠王用来祭天的金人也成了霍去病的战利品。

同年夏天，汉武帝决定乘胜追击，展开收复河西之战。此战，霍去病和公孙敖出征北地；博望侯张骞和郎中令李广出征右北平，合击匈奴。

在合击过程中，李广所部被匈奴左贤王包围，配合作战的公孙敖在大漠中迷了路，没有起到应有的助攻作用。霍去病遂再次孤军深入，并再次大胜。

就在祁连山，霍去病所部斩敌 3 万余人，俘虏匈奴王爷 5 人以及匈奴大小阏氏、匈奴王子59人、相国将军当户都尉共计63人。

经此一役，匈奴不得不退到燕支山北，汉王朝收复了河西平原。从此，汉军军威大振，而19岁的霍去病更成了令匈奴人闻风丧胆的战神。

真正使霍去病有如天神的事情是"河西受降"，发生的时间在秋天。

两场河西大战后，匈奴单于想狠狠地处理一再败阵的浑邪王，消息走漏后浑邪王和休屠王

笃信好学，守死善道

便想要投降汉朝。汉武帝不知匈奴二王投降的真假，遂派霍去病前往黄河边受降。当霍去病率部渡过黄河的时候，果然匈奴降部中发生了哗变。

面对这样的情形，霍去病竟然只带着数名亲兵冲进了匈奴营中，直面浑邪王，下令他诛杀哗变士卒。霍去病的气势不但镇住了浑邪王，同时也镇住了4万多名匈奴人，他们最终没有将哗变继续扩大。

汉王朝的版图上，从此多了武威、张掖、酒泉、敦煌4个郡。河西走廊正式并入汉王朝。

这是我国历史上第一次面对外虏的受降，不但为饱受匈奴侵扰之苦百年的汉朝人扬眉吐气，更从此使汉朝人有了身为强者的信心。

公元前119年，为了彻底消灭匈奴主力，汉武帝发起了规模空前的"漠北大战"。漠北大战时，原定由对外征战的霍去病打匈奴单于，敢深入力战的兵士皆归骠骑将军。

结果由于情报错误，这个对局变成了卫青的，霍去病没能遇上他最渴望的对手，而是对上了左贤王部。然而，这场大战仍可以算霍去病的巅峰之作。

在深入漠北寻找匈奴主力的过程中，霍去病率部奔袭两千多里，以15000 人的损失数量，歼敌 7 万多人，俘虏匈奴王爷 3 人，将军相国当户都尉 83 人。

霍去病一路追杀，来到蒙古肯特山一带。就在这里，霍去病暂作停顿，率大军进行了祭天地的典礼。祭天封礼在狼居胥山举行，禅礼祭地在姑衍山举行。

封狼居胥之后，霍去病继续率军深入追击匈奴，一直打到瀚海，即今俄罗斯贝加尔湖，方才回兵。

从长安出发，一直奔袭至贝加尔湖，在一个几乎完全陌生的环境里沿路大胜，这是怎样的成就！经此一役，匈奴远遁。霍去病和他的"封狼居胥"，从此成为我国历代兵家人生的最高追求。而这一年的霍去病年仅 22 岁。

公元前 117 年，24 岁的骠骑将军霍去病因病去世了。汉武帝谥封霍去病为"景桓侯"，以彰显其克敌服远、英勇作战、扩充疆土之意。

博学而无所成名

子罕^①言利，与^②命与仁。

达巷党人^③曰："大哉孔子！博学而无所成名。"子闻之，谓门弟子曰："吾何执？执御乎？执射乎？吾执御矣。"

子曰："麻冕^④，礼也；今也纯^⑤，俭，吾从众。拜下，礼也；今拜乎上，泰^⑥也；虽违众，吾从下。"

【注释】

①罕：稀少，很少。

②与：赞同、肯定。

③达巷党人：说达巷党这地方的人。

④麻冕：麻布制成的礼帽。

⑤纯：丝绸，黑色的丝。

⑥泰：这里指骄纵、傲慢。

【解释】

孔子很少谈到利益，却赞成天命和仁德。

达巷党这个地方有人说："孔子真伟大啊！他学问渊博，因而不能以某一方面的专长来称赞他。"孔子听说了，对他的学生说："我要专长于哪个方面呢？驾车呢？还是射箭呢？我还是驾车吧。"

孔子说："用麻布制成的礼帽，符合于礼的规定。现在大家都用黑丝绸制作，这样比过去节省了，我赞成大家的做法。（臣见国君）首先要在堂下跪拜，这也是符合于礼的。现在大家都到堂上跪拜，这是骄纵的表现。虽然与大家的做法不一样，我还是主张先在堂下拜。"

【故事】

季札治国不受王位

季札是吴王寿梦的第四个儿子。他聪明能干，吴王很喜欢他。

公元前561年，吴王得了重病，虽然当时规定王位应该由长子继承，但吴王却想将王位传给季札。

季札对父亲说："礼制的规定是大家公认的，父王怎么能随便废弃呢？而且同是父王的儿子为什么只对我施与私情呢？这是万万不成的。王位还是由大哥来继承吧！"

吴王见季札态度坚决，就让大儿子继位执政，而且兄弟依次相传。在哥哥们执政期间，季札辅助治理国事，十分尽力。

后来他的三哥又要把王位传给季札；可季札觉得自己帮助哥哥治国，多为百姓做好事就很开心了，不一定非要继承王位。

他对哥哥说："做人只要行为正当、品格高尚就好，至于荣华富贵，犹如秋风过耳，天际浮云，我是不关心的。"季札不但没有接受王位，还前往自己的封地延陵隐居起来。

三国第一勇将吕布

吕布从小随母习文作画，聪慧好学，一点就通，过目不忘。他生性好斗，力大过人，喜舞枪弄棒，身高体重超出常人。他青少年时代的许多事情常常被世人提及，五原地区家喻户晓，人人皆知，并引以为自豪。

176 年，鲜卑部落军事联盟四处武力扩张，对东汉进行掠夺战争。吕布因其勇武在并州任职，并州刺史丁原担任骑都尉，在河内驻扎，任命吕布为主簿，对他很亲近。

汉灵帝死后，丁原接到何进的征召，率领军队到洛阳，密谋诛杀宦官，被任命为执金吾。吕布擅长骑射，膂力过人，被称为"飞将"。适逢何进为宦官所杀，董卓入京，诱吕布杀丁原，进而吞并丁原的军队，并任命吕布为骑都尉，同他发誓结为父子，对他十分欣赏信任。不久再任他为中郎将，封都亭侯。

关东军起兵讨董卓时，吕布因与董卓的爱妾有染，恐怕事情被董卓发觉，所以心中十分不安。当时，王允等密谋暗杀董卓，于是拉拢吕布，吕布答应，成功刺杀董卓，任职奋武将军，进封温侯，与王允同掌朝政。

董卓死后两个月，其旧部属李傕和郭汜攻入京城。吕布战败，于是仓皇出逃。

吕布先投靠袁术，但因袁术不满他自恃有功而被拒绝，于是吕布改投袁绍。在袁绍处，吕布与他联手大破黑山军，但吕布又恃着功劳，向袁绍请兵，袁绍不应许，吕布将士又多暴横，所以吕布又被袁绍赶走。之后吕布投靠了张杨。

194 年，曹操带兵讨伐陶谦时，张邈与陈宫叛曹迎吕布为兖州牧。当时曹操东征徐州陶谦，听到消息后立即回师，与吕布数次征战，最终，吕布不敌，东投刘备，刘备让他屯兵小沛。

后刘备与袁术相争，吕布乘机夺取了徐州，自称徐州牧。刘备只好投于吕布，吕布反让他屯兵小沛。吕布自称为徐州牧。

196年，袁术派大将纪灵带领步骑共3万多人马征讨刘备，刘备向吕布求援。吕布在离小沛西南2里许的地方扎下营寨，派卫士去请纪灵等将领。

吕布对纪灵等人说，他生性不爱看别人争斗，只喜欢替别人解除纷争。他命门候在营门中竖起一支戟，说："诸位看我射戟上的小支，如一发射中，诸君当立即停止进攻，离开这里；如射不中，那你们就留下与刘备决一死战。"

吕布引弓向戟射出一箭，正好中了小支。诸将大为震惊，夸赞说："将军您真是有天神般的威力呀！"这就是辕门射戟的由来。

第二天，吕布又与诸将宴饮，然后各自回兵。

袁术想联合吕布，让他为自己所用，于是向吕布提出让他的儿子娶吕布之女为妻，吕布同意了。正巧曹操的使者来到，传天子令，任命吕布为左将军。

吕布大喜，于是派使者带着书信，向天子谢恩。

袁术听说吕布回绝了婚事，便派手下大将

张勋、桥蕤等人同韩暹、杨奉合兵，率几万步兵骑兵，分七路进攻吕布。

当时吕布只有3000兵力，400匹马，担心抵挡不住，只有用计策。他写信给韩暹、杨奉说："二位将军有救驾之功，而我亲手杀掉董卓，一道建立功名，将会留名青史。现在袁术反叛，应当一同讨伐他。你们为什么与反贼来这儿攻打我呢？可趁着现在联手打败袁术，为国家除害，为天下建立功业，这个机会不可失去。"又答应打败袁术军队之后，将军中钱粮全部给他们。

韩暹、杨奉大为高兴，就一同在下邳攻打张勋等人，活捉了桥蕤，其余人马溃散逃走，许多人被杀死杀伤，掉在水中淹死，差不多全军覆没。吕布率军追击袁术至江淮，在岸北大笑而还。

刘备此时在小沛招纳旧部，重新纠集了万余人。吕布见刘备势大，担心威胁到自己，再加上他原来就不喜欢刘备，就出兵攻打刘备。刘备大败，前往许都依附曹操。这让吕布更加愤恨。

其后不久，曹操攻打吕布的根据地下邳。因吕布有勇无谋而多猜忌，诸将又各自猜疑，所以每战多败。曹操围攻3个月，决水围城，吕布军中上下离心，其部下多有反叛。

吕布在白门楼见曹军攻急，大势已去，于是令左右将他的首级交给曹操，左右不忍，他便下城投降。

吕布被捆到曹操面前，他要求松绑。曹操笑说："捆绑老虎不得不紧。"

吕布又说："曹公得到我，由我率领骑兵，曹公率领步兵，可以统一天下了。"

曹操颇为心动，但刘备在一旁说："您看见吕布是如何对待丁原和董卓的吗？"

曹操被刘备这么一说，立时痛下杀心。吕布在死前大骂刘备是大耳贼，绝不可信。他说完这话，就被曹操缢杀了。

吕端宰相肚里能撑船

中华民族笃实宽厚的传统发展至宋代，依然在人格的培养上发挥着巨大作用。北宋时期著名官员吕端，为人宽厚忠恕，颇有气量，被世人誉为"宰相肚里能撑船"；处事坚持原则，被宋太宗赵光义赞为"大事不糊涂"。堪称这一时期的典型。

吕端，是一个很有气量的人。他在相位的时候，曾经遭到奸臣陷害，被削官还乡为民。他得旨后二话没说，便和书童背上行囊，挑上书籍，离开京城上路向家乡走去了。

吕端在路上行走数日，回到自家门口时，见家中正在设宴摆席大办喜事，原来是为老弟结婚设宴，有不少当地官吏和豪绅赴宴。这些人见吕相爷回来了，又是大礼参拜，又是再上厚礼，只弄得吕端哭笑不得。

吕端见此情景，只好当众言明真相："我吕端现在已被革职还乡为民了！"

谁曾想到，吕端的实言出口，竟使得那些势利眼的官吏和豪绅们个个脸色突变，有的目瞪口呆，有的斜眼相视，有的甚至拿起所送礼品离座而走了。

正在这个时候，村外传来了马蹄声声，鞭声脆震长空。原来是皇上派御史来给吕端下旨的。御史骑马直至吕端家门口，下马便大声喊道："吕端接旨！"

吕端急率全家跪在地上静听，大家的心蹦蹦地跳着，有各种各样的猜想。唯有吕端本人心中有数，猜出十之八九。

只听御史宣旨道："吕端回朝复任宰相，钦此！"

刚刚散去的那些豪绅，闻听吕端又官复原职了，个个面红耳赤，张目结舌，心中着实难堪。只好重新相聚，拉下脸皮，回到吕府重新送礼贺喜，支吾其词，听不清说了何等言语。

吕端对于这些势利眼们的行为，表面上无动于衷，可心中暗自发笑。在这些官吏当中，有本县的七品知县。他坐着轿子走后复返，忙跪在吕端面前，一边像捣蒜锤似的给吕端叩头，一边自己打自己的嘴巴："相父，我不是人，大人不怪小人过。"

吕端的书童很是生气，上前揪住那知县说："大胆狗官，竟敢戏弄我家相爷，摘去你的乌纱帽！"

书童此举，吓坏了那个知县，他双手紧捂头上的乌纱帽。吕端这时上前拉住书童道："不要这样！"

书童很生气地说："相爷，像他这样的势利眼，不能饶恕！"

吕端对书童说："此言差矣！他知道自己做错了事，我们就应高兴，不必惩罚他了。我们何必强迫别人做他自己不想做的事情呢？"

吕端的话，感动得那位知县非常的内疚，忙说道："相爷呀！相爷，你可真是宰相肚里能撑船哪！来，相爷，兄弟的喜事咱们重新操办，我给新娘抬轿子去。"

吕端闻听此言，心想，我倒看看知县做何游戏。谁知那知县真的让新娘坐上花轿，亲自和三班衙役们抬着轿子，吹吹打打地沿村转了一圈，弄得吕端只是大笑，笑这些势利眼们的所作所为。

从此以后，"宰相肚里能撑船"这句话就传开了，一直传至今天。

吕端"大事不糊涂"，是宋太宗多年体察吕端后对其处事为人的一种无可辩驳的评价，而且也确实反映了吕端的人品和才干的真实情况。

有一年，朝中大臣李惟清被宋太宗从掌管全国军事的枢密使位子上换下来，去当负责监察百官的御史中丞，虽然是平调，但实际权力发生了变化，他认为是吕端在中间使坏，于是就趁吕端有病在家休息，没有上朝的机会告了吕端一个恶状。

事情传到吕端耳中后，吕端不以为然，既没有去对皇帝表白，也没有去找李惟清算账，而是淡淡地说："我这一辈子行得正、坐得直，没有做什么对不起人的事，又怎么会怕什么风言风语呢？"

对吕端这种不与人计较的坦然心态，当时的很多人认为他"糊涂"。

在吕端刚刚担任参知政事的时候，一个小官由于平时听多了吕端"糊涂"的传闻，对他很不服气。有一次吕端从文武百官前面经过，这个小官以很不屑的口吻说："这个人竟也当了副宰相了？"

吕端的随行人员觉得很不公平，要问那个人的姓名，看看是干什么的。

吕端制止说："不要问，你问了他就得说，他说了我也就知道了，而我一知道，对这种公然侮辱我的人便会终生不能忘。着意地去报复对我来说是肯定不会的，但以后如果有什么事涉及他，撞到我手里，想做到公正对待也一定很难。所以，还是不知道的好。"

吕端这种"君子不念恶"的举动，反映他自我修养的高尚境界。但在世人眼中，自然又被看成了"糊涂"。就在众人都认为吕端是个糊涂人时，宋太宗却认为这都是一些小事，吕端只不过是小事上糊涂罢了，遇有"大事不糊涂"。

那还是宋太宗在世的时候，宋太宗的身体有病，就安排了后事，立赵恒为太子，以备将来由他继位，执掌宋朝天下，并且让吕端负责太子的学习和生活起居等项事宜。

宋太宗病情严重的时候，又下诏说："朝中大事要先交给吕端处理，然后再上报给我。"这一道谕旨，无疑是宋太宗对吕端的更大信任和重用。而吕端也确实没有辜负皇上的重托。

在当时，朝中有一些内侍和大臣，对皇上去世后由谁来继位发生分歧，甚至演变成一场宫廷斗争。

朝中有个内侍叫王继恩，怕太子继位后对他不利，就起了歹心。他联络参知政事李昌龄，殿前都指挥使李继勋、知制诰胡旦等人，谋另立太子，以便让他们认为合适的人继承王位。

宋太宗去世后，皇后命王继恩召见吕端。吕端已经觉察到了可能有什么变故，就叫手下把王继恩锁在自己府中，派人加以看管，不许他出入，然后自己急奔朝廷。

吕端到朝廷后，皇后对他说："现在皇上不在世了，按说立太子就是为了让他继承王位，这也是合乎情理，顺理成章的事情，看看现在应该怎么办才好呢？"

吕端听罢皇后的话，就毫不犹豫地说："先帝立太子就是为了今天，现在先帝走了，我们怎么做违背先帝之命的事情呢，对于事关国家前途命运的大事，不能有什么异议。"

皇后听了吕端的话，就让太子赵恒继承了皇位，这就是宋真宗。

宋真宗第一次登殿时，垂帘接见朝臣。当吕端率众臣前来殿中晋见时，众臣宁可站在殿下也不拜。

这时，皇后问吕端："众臣因何不拜？"

吕端说："请把帘子卷起来，让太子坐在正位上，让我们看清楚了再拜。"

皇后就让宋真宗照吕端所说，卷了帘子，坐到正位上去了。吕端看清楚了皇位坐的确实是太子无误后，才率群臣跪拜，并且山呼万岁。接着，宋真

博学而无所成名

宗对阴谋另立太子的那几个奸佞，一一做了处置。宋真宗的地位更加稳固了。

吕端果然是大事不糊涂，在太子继位、新皇帝坐正位等问题上，时刻保持着清醒的头脑。由此，他也赢得了宋真宗的极大信赖，经常采纳他的意见或建议。

吕端一生经历了北宋时期的三代帝王，在40年的宦海生涯中几乎没有受到什么冲击，最后得以善终，这与他"宰相肚里能撑船"的胸襟是分不开的。更重要的是，他在大局、大节问题上毫不糊涂，从来都是心明眼亮。

欧阳修王安石的友谊

欧阳修和王安石都是北宋时期名臣，著名的政治家，而且都属于"唐宋八大家"。共同的政治改革理想和文学追求，使他们结下深厚友谊，成为继承笃实宽厚优良传统的又一个典型。

欧阳修，在北宋时期灿若群星的文学家中年龄较大，出道较早，成就最高，是公认的北宋时期文坛领袖。

王安石，从小喜好读书，天赋极高，记忆力超强，有过目不忘之才。他博览群书，勤于思考，年方弱冠即以天下为己任，立志做一番大事业。

王安石考中进士以后，在扬州任职，此时欧阳修已名满天下，在京城开封任龙图阁学士。

一天，王安石的好朋友曾巩带着他的几篇文稿向欧阳修推荐，欧阳修读后大为赞叹。

尽管王安石和欧阳修的地位相差非常悬殊，但欧阳修对这位青年的文稿还是非常赏识。他把王安石的文稿收在专门编录佳作的《文林》里向社会推荐。又告诉曾巩多关照王安石，要他的思路再开放一些，不要生造词语，力戒模仿。

1057年，素以为国举才荐贤为己任的欧阳修以翰林学士资格主持了礼部贡举，负责向国家推荐人才。由于他大力提倡平实朴素之风，反对"西昆派"的"太学体"，因此选拔培养了一大批古文后起之秀，这就是王安石、苏轼、苏辙、苏洵、曾巩等人。

欧阳修认为，在这些人当中，王安石的学问，知名当世，守道不苟，自重其身，议论通明，兼有时才之用，因而举荐他与吕晦叔、司马光3人为相辅接班人。这时王安石也向宋仁宗上万言书，建议在政治上改易变革，表现了他对宋代政治改革的伟大抱负。

1069年，王安石为参知政事。从这时起，这两位朋友才得见面。王安石登门拜访时，欧阳修没有责怪这位青年才俊姗姗来迟，反而倒屣相迎，此后两人诗文赠答，书信不绝。

欧阳修在高兴之余，写了首七律《赠介甫》：

翰林风月三千首，吏部文章二百年。

老去自怜心尚在，后来谁与子争先。

朱门歌舞争新态，绿绮尘埃试拂弦。

常恨闻名不相识，相逢樽酒盍留连。

在诗中，欧阳修将王安石比作唐代李白、韩愈，充分肯定了王安石的才华。同时，说自己虽雄心尚在，但年纪已大，力不从心了，希望王安石刻苦努力，写出超过前人的文章来。

欧阳修作为翰林学士，以一代文宗之尊，竟对当时一名默默无闻的晚辈后生以李白、韩愈期许，实在是难能可贵的。

随后，王安石也写了首《奉酬永叔见赠》的七律诗回赠。诗写道：

欲传道义心犹在，强学文章力已穷。

他日若能窥孟子，终身何敢望韩公。

抠衣最出诸生后，倒屣尝倾广座中。

只恐虚名因此得，嘉篇为贶岂宜蒙。

在诗中，王安石表达了自己的志向，同时也表现了对恩师欧阳修的钦佩与景仰，从中也能看出王安石谦虚谨慎的风度。

从 1070 年起，王安石两度任同中书门下平章事，位同宰相。对于王安石担任国家要职，欧阳修曾经撰文表示祝贺。

当时的北宋朝廷因用度大奢，赏赐不节，宗室繁多，官职冗滥，军旅不精，每年财政亏空数千万缗。在这巨大财政赤字面前，王安石实行变法，采取了有力措施。

王安石新法在财政方面有均输法、青苗法、市易法、免役法、方田均税法、农田水利法；在军事方面有置将法、保甲法、保马法等。同时，改革科举制度，为推行新法培育人才。这些措施在一定程度上促进了农田水利事业的发展，国家财政状况有所改善，军事力量也得到加强。

王安石执政时推行新法，欧阳修虽然是反对者之一，经常发生激烈的争论，但欧阳修却一直爱护着王安石，王安石一直很尊敬欧阳修。他们两人终生以诗文赠答和书信往来，维持着深厚的个人友谊。

两人的友谊一直持续到晚年，并经受住了政见不一的严峻考验。1072 年欧阳修去世，王安石曾撰祭文悼念。高度评价了欧阳修的道德情操、学术文章。

后来有人认为，有关欧阳修的祭文，当以王安石之文为第一。欧阳修立朝大节、坎坷困顿，无不见于其中，表达了对他深切怀念之情，显示出平生知己的深厚感情。

纵观欧阳修与王安石两人交往始末，基本上是义兼师友。讲友谊而不无原则地随和，明是非又不影响情谊，这恰恰源于他们政德和文德理想的可贵品格。

陆游与辛弃疾的友情

陆游与辛弃疾既是南宋抗金派的代表人物，也是南宋时期文坛的两座丰碑。两人的年龄相差 15 岁，但他们之间有过一段超越年龄的友情佳话。

陆游，南宋大诗人。曾投身军旅生活，其一生笔耕不辍，其 9000 多首存诗内容极为丰富。

辛弃疾，南宋大诗人。他 21 岁参加山东抗金义军，创立了名震中原的"飞虎军"，主张抗金复土。

陆游与辛弃疾之所以能够走到一起，还要从南宋时期颇有争议的人物韩侂胄发动北伐说起。

收复中原一直是南宋时期绝大多数人的呼声。宋宁宗赵扩时，韩侂胄借助收复中原这面大旗，有意拉拢主张抗金的人士，借此提高威信。当时许多主战派人士抱着报国宏愿，纷纷出山与韩侂胄合作，在这串人员的名单中，就包括陆游和辛弃疾。

不过，77 岁高龄的陆游满怀期冀，却很快就失望了，韩侂胄只是借重陆游的名望，对他并不信任也没有委以重任。陆游开始认识到韩侂胄并不能担当起恢复中原的大任，他的希望又一次落空。他在京城仅仅待了一年，便匆匆返回绍兴老家了。

陆游回家还不到一个月，已过花甲之年的辛弃疾被任命为绍兴知府兼浙东安抚使。在此次任命之前，他被冷落在江西上饶闲居达 8 年之久，此次之所以能够复出，也与韩侂胄的北伐策略密切相关。

博学而无所成名

到了绍兴，辛弃疾立即前往拜会诗才出众，影响和名望极高的主战派人物陆游。再加上陆游刚从京城回归不久，辛弃疾想在第一时间将北伐这件事告诉陆游，征询他的意见。

在浙江绍兴山阴一所破旧的草堂边，两位白发苍苍、精神矍铄的老人相遇了，他们的双手紧紧握在一起，久久不肯放开，激动得热泪盈眶。他们虽然相差了整整 15 岁，但这丝毫不影响他们心灵的沟通。交谈之余，他们发现彼此有着太多的共同语言与志趣爱好。

陆游与辛弃疾都有过颠沛流离的早年生活，都具备爱国爱家的赤胆忠心，都有着奔放豪爽的性格，都视恢复中原为己任。陆游有过火热的军旅生涯，辛弃疾更是有着万马丛中取敌将首级的壮举。陆游文采飞扬，是闻名天下的大诗人，辛弃疾才情出众，是南宋豪放派的一代宗师。

在仕途上，他们又都有着被冷落的失意，被排斥的无奈，以及抱负无处施展的苦闷。相同的身世加深了他们彼此的理解与信任，使他们更加心意相投，英雄相惜。在度过了大半个人生之后，此时相见，真正是欲说还休，相见恨晚。

辛弃疾的到来使陆游孤寂的内心变得鲜活起来，也解除了辛弃疾的感伤与寂寞。他们谈诗词、论北伐，生活变得丰富多彩，爱国激情再次被点燃。

当时陆游的生活非常清苦，住在破旧的草堂里，算得上家徒四壁。辛弃疾看在眼里，急在心上，他几次三番提出要为陆游修建住所，都被陆游一一婉拒。

陆游心胸非常豁达，在他看来身居简陋的草堂没有什么不妥，他不愿意浪费人民的财产，也不愿意朋友破费，他觉得那些钱财应该用到更合适的地方。

辛弃疾对陆游甘于清贫的崇高品性更加钦佩，他不便过于勉强，准备先放一放再找时机说服陆游。但他没想到此事一拖，便再也没有机会。

陆游对辛弃疾此次北去心情矛盾复杂，对未来充满了忧虑。尽管陆游不满韩侂胄的所作所为，一年前自己还被利用了一次，但当韩侂胄再次以北伐为招牌招揽英贤的时候，他还是主张不要介意过去不得志的往事，先国家之急而忘私怨。

在这一点上，辛弃疾与陆游有着相同的认识。此时辛弃疾已年过花甲，与陆游相比，他尚算年轻，但也是白发满头，实现北伐的心愿已没有更多的时间等待。

辛弃疾临行前，陆游赶写了一首长诗为他送行，不吝笔墨全方位地赞扬了辛弃疾，更有信任鼓励的话语。

陆游盛赞他才高过人，好学不倦，著作等身；将他比作管仲萧何一样的人才，相信他一定可以成就伟大功业；希望他积极结连中原的忠义民兵，不久就能大展宏图，施展抗敌复土的抱负；劝他凡事要考虑周全，小心"谗夫"从中作梗；鼓励他把全部精力投入到对敌斗争中去，一雪对金的深仇积愤。

到了京都临安，辛弃疾很快就进入了角色。当时金国内部混乱，北方强敌蒙古对它的威胁也越来越大。辛弃疾提议加强战备，密切关注局势，伺机而动，妥善应对。

韩侂胄派辛弃疾镇守长江下游的京口，那是北伐前进的重要基地。辛弃疾登上北固亭，俯视滚滚长江，感觉离自己所要实现的愿望从来没有这么近过。

没过多久，由于辛弃疾与韩侂胄急于进兵的思路不相吻合，他最终被撤换。这时辛弃疾的情绪降到了冰点，这是他最后一次实现复疆志愿的机会，可是一切都已付诸东流。

陆游和辛弃疾，在他们的晚年各自为北伐空欢喜了一场，经过这次事变，辛弃疾对韩侂胄的本质有了比较清醒的认识，将他看作是欺压皇室、阴谋夺位的奸臣。

事实上，北伐战争拉开序幕不久，当宋金两军主力进行会战之时，准备不足的宋军就溃败不堪。

韩侂胄曾经一度想起了辛弃疾的劝告，想再次任命他为枢密都承旨，期望他能力挽狂澜。可惜的是，这时的辛弃疾在留下了临终绝笔《洞仙歌》之后，已经与世长辞，时间正值 1207 年秋天。

北伐的又一次失败，给英雄暮年的陆游以致命一击。在辛弃疾辞世后不到 3 年，1210 年春天，85 岁的陆游追随他的友人而去，留下了不朽的千古绝唱：

死去原知万事空，但悲不见九州同。

王师北定中原日，家祭无忘告乃翁。

　　陆游与辛弃疾，这两位南宋文坛的杰出代表，他们的忘年交深厚而沉郁，收复失地的共同志向将他们紧紧地联系在一起，而他们对彼此的人格和风范也是极为欣赏。他们痛苦但不绝望，沉郁而不消沉，感伤却又豪迈，感染和激励着一代又一代人前赴后继地报效祖国。

博学而无所成名

循循然善诱人

太宰①问于子贡曰:"夫子圣者与? 何其多能也?"子贡曰:"固天纵之将圣,又多能也。"子闻之,曰:"太宰知我乎? 吾少也贱,故多能鄙事②。君子多乎哉? 不多也。"

颜渊喟然叹曰:"仰之③弥高,钻之弥坚。瞻之在前,忽焉在后。夫子循循然善诱人,博我以文,约我以礼。欲罢不能,既竭吾才,如有所立卓尔,虽欲从之,末由也已。"

【注释】

①太宰:官名,掌握国君宫廷事务。

②鄙事:卑贱的事情。

③之:指孔子之道,也指孔子其人。

【解释】

太宰问子贡说:"孔夫子是位圣人吧? 为什么这样多才多艺呢?"子贡说:"这本是上天让他成为圣人,而且使他多才多艺。"孔子听到后说:"太宰怎么会了解我呢? 我因为少年时地位低贱,所以会许多卑贱的技艺。真正的君子会有这么多的技艺吗? 不会的。"

颜渊叹着气说:"老师的学问和道德,抬头仰望,越看越觉得高;努力钻研,越钻研越觉得深。看看他好像在前面,忽然又到后面去了。老师善于有步骤地一步一步诱导我们，用各种文献来丰富我们的知识，用一定的礼节来约束我们的行动，使我们想停止学习也是不可能的。直到我们尽了我们的全力，好像有一个十分高大的形象立在我们前面，虽然我想要追随上去，却没有前进的路径了。"

【故事】

颛孙师诚实记教诲

颛孙师，字子张，是孔子的得意门生之一。他为人稳重、做事细心，学习也很用功，而且在学习期间就有将来要从政的想法，因此向孔子提出了"一个人怎样才能在天下通行无阻"的问题。

孔子说："如果一个人忠诚信实，说话尊重事实，不夸大、不缩小，而且言行一致，办事认真，为人谦恭敦厚，那么他就是来到不开化的部落里也会畅行无阻；如果一个人言行不一，为人虚伪奸诈，那么就是在他自己的家乡里做事，他也会寸步难行的。"

孔子接着说："而这个'忠诚信实'要怎么样才能一刻也不离开你呢？当你站着的时候，你就应当感到这几个字就在您的眼前；而你坐在车上的时候，就如这几个字写在车前的横木上一样。如果能做到这些，天下各地还不任你通行吗？"

颛孙师很受启发，觉得老师的话讲得非常深刻，想要把它记下来，然而身边又没有竹简。

他急中生智，把扎袍子的腰带解下来在地上展平，用篆书在上面工工整整地记下了老师的教导。

刘宽对人仁慈宽厚

仁慈宽厚是一种高尚的道德人格，在生活中，通过宽厚的道德人格来打动别人，最容易达到人我沟通的目的。东汉时期名臣刘宽，就是一个仁慈宽厚的人。刘宽，是一个君子，能用忍抑制愤怒与自己的欲望，因以宽厚待人而闻名。

有一天，刘宽驾着一辆牛车外出游览，牛车慢慢地向前走着。

突然，一个冒冒失失的人跑过来，拉住了刘宽的牛车说："难怪我的牛不见了，到处找都没找到，原来是你把我的牛用来拉车了。"

刘宽对这突如其来的事，感到有些莫名其妙。心想，这么多年来我都是坐这头牛拉的车，这牛怎么是他的呢？任凭刘宽怎么向那人解释，那人只是一口咬定这头牛是他的。刘宽一想，别人丢了牛，又急着要用，与他争也无用，便只好暂时让那人把牛牵走，自己步行回家。

没过多久，那个丢牛人找回了自己的牛，便把刘宽的牛送了回来，并跪下叩头向刘宽道歉说："真对不起，误会了你，随你怎么处罚我都行。"

刘宽不但没有责怪他，反而体谅地说："同一类动物有相似的，有时候难免弄错。现在你很辛苦地把牛给我送回来了，我还要谢谢你呢！"

被人误解而不争辩，让清者自清，平者自平，刘宽的容忍气度之大让人感叹。人们都佩服称赞他这种不与人计较的宽厚德量。

刘宽让牛的故事，被后来南北朝时期的南朝刘宋史学家范晔写进了《后汉书》。汉桓帝刘志时，征召刘宽授官尚书令，又升为南阳太守，推举掌理三郡。

刘宽办理政事，恪尽职守。政务有了功绩，推让给下属。有时出现了灾异，他就引咎自责。

刘宽宽心仁厚，对人多行宽恕。他认为，假如以刑罚来整治属下和百姓，就会造成他们只求逃避刑罚而没有了羞耻之心。刘宽对有了过错的属下官吏，只用蒲草做的鞭子施刑处罚，只是为表示羞辱，终归不对之施加严刑。

刘宽每次巡视属县，都只是住在乡间客舍中，看见老年人就与他们谈农事和乡土之事，以示关切；对年轻人，则勉励他们孝顺父母，善事兄长，以教诲加以鼓励。由于刘宽施行德政，人们被他的道德和行为所感化，风俗人心一天天地改善。

汉灵帝刘宏时，刘宽升为太尉，成为管理军事的长官。汉灵帝喜欢学艺，每次引见刘宽，经常令其讲经。

刘宽别无嗜好，就爱喝点酒。有一次为汉灵帝讲经时，他醉了趴在桌子上。汉灵帝问他是否酒醉，他抬头应答："臣不敢醉，但任重责大，忧心如醉。"此番言论令汉灵帝颇为感动。

刘宽身为太尉，虽然权力很大，但仍然宽恕为怀，以仁立德。有一次，他家请客，叫仆人到市上买酒。大家坐着等了很久，也没见把酒买回来，连

客人们都等得不耐烦了。过了很久，只见仆人喝得酩酊大醉跌跌撞撞地回来了。有个客人忍不住骂道："混账东西，太不像话了。"

仆人十分狼狈地走了。过了一会儿，刘宽不放心仆人，就派人去看他，并对左右的人说："他也是人啊，骂他'混账东西'，太侮辱人了，我怕他受不了寻短见。"

刘宽素来仁慈宽厚，对家里人及其侍女也是如此，即使仓促之中，也从来不曾疾言厉色。有一次，刘宽的夫人故意想惹他发一次脾气，就在他穿好朝服，准备上朝的时候，叫侍女捧一碗鸡汤给他喝，端到他面前时故意失手，把鸡汤倒翻在他的朝服上，泼得他朝服尽是肉汤和油污。

侍女赶快揩擦后，低头站在一旁，准备挨主人的骂。

刘宽神色不改，他不但不生气，反而关切地问道："你的手烫着了吗？"

侍女很受感动。刘宽的夫人在一旁看到了，更敬佩丈夫的涵养。

刘宽温和的性情，宽宏的气度，一直受到人们的尊敬，都称他是"长者"。

诸葛亮以德服孟获

笃实宽厚美德所养育的人格力量是巨大的，它可以使一个冥顽的人因受到感化而改变。三国时期的诸葛亮，就曾经用自己的人格力量感化教育了孟获，最后收到了最佳效果。

诸葛亮，三国时期杰出的政治家、军事理论家。蜀汉丞相。谥号"忠武侯"。

诸葛亮聪明绝顶，神机妙算，打了无数次胜仗，这些成功背后都有一个根本原因，就是他的仁义和诚信。尤其是在对待孟获叛乱的问题上，更是展现出了感人的道德涵养和胸怀气量。

那是在诸葛亮受刘备托孤遗诏，准备北伐兴汉之际，南方边境却又突然传来西南蛮王孟获带兵侵犯的消息。诸葛亮权衡利弊，决定先平定西南。

在当时，云南尚未开发，地形复杂，瘴气和传染病流行。诸葛亮深知这不是一场打赢就算的战役，南蛮如果不服输，蜀军战胜回朝后，可能会变本加厉，将成大患。因此，更需要从长计议。

主意已定，诸葛亮于是率55万大军，从蜀地出发，翻山越岭，来到云南山区。西南蛮王孟获知道诸葛亮来了，马上命三洞元帅带兵与诸葛亮交战。

诸葛亮首战就以智取胜，最后将蛮兵与洞主都绑到了帐前。诸葛亮亲赐酒食、衣服，还叮嘱他们回去后安居乐业，别再造反。

孟获闻知大怒，决定率兵进攻。但是，孟获大军的动向早在诸葛亮掌握之中。孟获中计溃军后，无论逃到哪，都跑不出诸葛亮设好的埋伏圈。最后，孟获被逼到窄径上，弃马而逃，又中了诸葛亮的埋伏被活捉。

孟获被押到诸葛亮帐前，很不服气。诸葛亮看他不服气，便说："你不服气，那我就放你回去吧！"于是就放了他。

蜀汉的将领们很不理解丞相的做法，大家都说："抓到蛮王，南方就平定了，为何又纵虎归山？"

诸葛亮笑着跟大家说："我要抓孟获是轻而易举的事情，但得让他心服口服，南方才能真正安定。"

孟获回去整兵待发。但很多蛮兵蛮将都受过诸葛亮不杀之恩，再加上原来是受孟获所逼，才起兵造反，因此希望停止战乱。于是，他们活捉了孟获，去投靠蜀汉。

孟获第二次被抓到，诸葛亮又问："你上次说，如果再抓到你，你才服气。现在你服不服？"

孟获并没有想到是诸葛亮的仁义收服了人心，只认为是自己的下属背叛。他气呼呼地大叫："这次是我的手下背叛我，并不是你抓到我，要我怎么服气！"

诸葛亮微微一笑，说道："既然这样，那就再把你放了吧！"

孟获回到洞中，他的弟弟孟优给他献了个计谋。半夜时分，孟优带人来到汉营诈降，诸葛亮一眼就识破了他，于是下令赏了大量的美酒给南蛮之兵，使孟优带来的人喝得酩酊大醉。这时，孟获以为弟弟孟优已经取得了蜀军的信任，就按计划前来劫营，却不料自投罗网，又一次被擒获。

这回孟获仍是不甘心，诸葛亮便第三次放了他。

孟获回到大营，立即着手整顿军队，待机而发。一天，忽有探子来报："诸葛亮正独自在阵前察看地形。"

孟获听后大喜，立即带了人赶去捉拿诸葛亮。不料这次他又中了诸葛亮的圈套，第四次成了瓮中之鳖。

诸葛亮知道，孟获这次肯定还是不会服气，就又一次放了他。

孟获带兵回到营中。第二天，他营中一员大将来和孟获喝酒。这员大将以前也跟着孟获数次被擒被放，心里十分感激诸葛亮。为了报诸葛亮之恩，他就将孟获灌醉，然后把他押到汉营。

孟获5次被擒仍是不服，大呼是内贼陷害。诸葛亮便第五次放了他，命他再来战。

这次，孟获回去后不敢大意，他去投奔了一个叫木鹿大王的洞主。木鹿大王的营地极为偏僻，诸葛亮带兵前往，一路历尽艰险，加上蛮兵使用了训练后的野兽入战，使汉兵败下阵来。

在这之后，汉军又碰上了哑泉，人饮其水不能言语，使情况变得更为不妙。诸葛亮根据以前掌握的知识，再加上当地土著的指点，用安乐泉水化解了毒性，最后安全回到大营。

诸葛亮回营后，根据蛮兵训练后的野兽形象画出图纸，命人照着造出了大于真兽几倍的假兽，然后再度发兵攻打木鹿大王。当蜀军再次与木鹿大王交战时，木鹿大王的人马见了假兽，个个胆战心惊，吓得不战自退了。而孟获又被蜀军擒获。

这次孟获心里虽仍有不服，但再没理由开口了，诸葛亮看出他的心思，第六次放了他。

孟获被释后又去投奔了南中附近的乌戈国。乌戈国拥有一支英勇善战的藤甲兵，所装备的藤甲刀枪不入。诸葛亮对此却早有所备，他采用火攻之法，最后大败藤甲兵。孟获第七次被擒。

这一次，诸葛亮命人将孟获带到别的营帐，款待酒食，让他压压惊。孟获闷着头独自喝酒，心里七上八下。没多久，进来一个人告诉他说："我们丞相不好意思再见到你，命我放你回去，再招人马来一决胜负。"

孟获听了，要求去见诸葛亮。来人一看，果然不出丞相所料，他真的是有悔改之意了，就把他带到诸葛亮那里。孟获见到诸葛亮，流着眼泪说："七擒七纵，自古以来从未有过。我虽然是个蛮人，也还不到完全没羞耻心。"

诸葛亮见他已心悦诚服，觉得可以利用，于是便委派他掌管南蛮之地。

孟获等听后不禁深受感动，说道："现在，我对丞相是彻底服气了。我向丞相保证：南人永远不再反叛！"

孟获归附蜀汉，南方之乱平定了。从此以后，诸葛亮不必再为南方边境担心而专心对付魏国去了。

诸葛亮以智慧和宽大的胸怀，七擒七纵，以德服人，收服了南蛮王的心，让孟获输得心服口服，从而平定了蜀汉的边境大患，赢得了长久的和平。

蒋琬豁达宽宏大量

豁达的心胸也是笃实宽厚美德的体现。三国时期蜀国丞相诸葛亮的继承者蒋琬，为人处世豁达大度，待人处事宽厚仁慈，赢得了世人的赞誉。

蒋琬，青年时期才华卓著，在当地便很有名气，以州书佐随刘备入蜀后，提拔为广都县长官。

在当时，蒋琬对县官之职殊感屈才，便众事不理，终日醉酒。一次，刘备出巡广都，发现蒋琬正烂醉如泥，无法前来迎接，便勃然大怒，欲加以严厉处罚。

诸葛亮劝说："蒋公琰乃社稷之器，非百里才也。他志在安民，不尚修饰，愿主公察之。"

刘备尊重诸葛亮的意见，只给以免职，不再加责。

诸葛亮在刘禅即位后，成立丞相府，受先主刘备之托辅佐。他提拔蒋琬先后任东曹椽、参军、丞相府长吏兼抚军将军等职，成为诸葛亮的重要助手。此后，诸葛亮一直与他保持频繁的书信往来，评论当时人才，兼及政局时势。

诸葛亮南征和北伐曹魏，留蒋琬统管丞相府事宜。蒋琬不负所托，坐镇成都，筹集粮食，组织运输，补充兵源，总是足食足兵。诸葛亮常常对人说：

蒋公琰忠心耿耿，雅量宽和，应当是和我共同辅佐帝王大业的人。

后来，诸葛亮病逝在北伐前线五丈原，在生命的最后时刻，秘密上书给后主刘禅："如果我去世了，以后的军国大事可以托付给蒋琬。"

刘禅遵照诸葛亮之嘱，先后任命蒋琬为尚书令、益州刺史、大将军、封安阳亭侯。

诸葛亮去世，蜀国上下一片悲哀。当时外有强敌魏军压境，内有杨仪与魏延不和，朝廷笼罩着惶恐不安的气氛，独蒋琬与众不同。蒋琬面对人心惶惶的危难局面，泰山崩如前而面不改色，镇静自若，从容自如，料理一切。

他既不带荣登台辅的喜色，也没有让哀戚形于面容，言行举止，一如平常，只在心里默默掂量肩上的重担。这种气魄和定力，渐渐消除了蜀汉人民的不安和观望情绪，使蒋琬赢得了众人的敬服。

蒋琬在接任诸葛亮丞相之职后，在与同僚和部属的相处过程中，从不计个人恩怨，不以别人对自己的态度来断是非，表现出难得的自知之明和知人

之明。

蒋琬曾经提拔杨戏为东曹掾，甚为看重。杨戏生性疏略，蒋琬与他谈话，他经常不作回答。于是，有人别有用心地对蒋琬说："你与杨戏说话，他却不作回答，这样不尊重上司，不是太过分了吗？"

蒋琬对杨戏始终没有一丝一毫的成见，他严肃地回答："人心不同，各如其面，当面顺从而背后非议，这是古人所不为的。杨戏要称赞我，这又不是他的本意，要反驳我，又会表明我的错误，所以沉默不语。这正是他为人坦诚的表现。"

更为显著的例子是蒋琬不怀成见地对待杨敏。农官杨敏曾经直率地说："蒋某人做事糊涂，实在不如前人。"这一大胆的言论很快被报告上去，主管官吏要求审讯杨敏，蒋琬表示反对。

蒋琬说："我确实不如前人，这是实情，不必追究。"

主管官吏说："就算是不去追究，那也该责问他所指的是哪些糊涂表现。"

蒋琬说："如果去追究哪些地方不如前人，这本身就做了不合情理的事。做事不合情理，也就是糊涂了，还何必再去追问呢？"

不过，这件事还没有了结。后来杨敏因事入狱，有人担心蒋琬乘机报复，这样一来杨敏必死无疑。但是胸怀磊落的蒋琬并无芥蒂，毫无个人的亲疏恩怨，杨敏得以免除生命之忧。

通过这些事，同僚、部属都十分敬重他，称赞蒋琬豁达大度，不计私怨。因此，他的威望也越来越高。后来，有人赞蒋琬"宰相肚里能撑船"，意思是说他宽宏大量，大人有大量。

从上述事例可以看出，蒋琬确实具有常人所没有的度量。他以静治国，注意选拔人才，用人之长，兼之志存高远，胸襟开阔，不计较眼前的得失、个人的荣辱，因此使蜀汉在失去了诸葛亮之后维持了稳定的政治局面。不失为一个继诸葛亮之后作风稳健的政治家。

勇猛将帅薛仁贵

薛仁贵自幼家贫，但是习文练武，刻苦努力，天生膂力过人。由于生于乱世之中，没有什么发展，只有在家务农。30多岁的时候，他在颇有见识的妻子柳氏的劝告下，应征参军。

刚当小兵不久，薛仁贵就凭借自己的勇猛立功了。

645年，唐太宗李世民于洛阳出发征讨高句丽。在辽东安地战场上，有一次唐朝将领刘君邛被敌军团团围困，无法脱身，无人能救。在此危难时刻，薛仁贵单枪匹马挺身而出，直取高句丽一将领人头，将其头悬挂于马上，敌人观之胆寒，于是退却，刘君邛被救。

于百万军中取上将首级，使薛仁贵名扬军中。回到中原以后，薛仁贵被委以重任，统领宫廷禁卫军，被派驻在玄武门。

做宫廷禁卫军统领虽不是职位特别高的官，但那是守卫皇帝的安全工作，是很重要的职位。薛仁贵农民出身，没有任何家庭背景和人际关系，可以被皇帝这样信任，足可见其忠义与实力，同时也能看出这个职位的意义非凡。

654年闰五月初三夜，天降大雨，山洪暴发。水冲至玄武门，保护皇帝的人大多都已逃命去了。薛仁贵很愤怒，说："天下哪有见到天子有难就逃跑的禁军！"然后，他冒死登上门框，向皇宫大声呼喊，以救唐高宗。

洪水过后，唐高宗李治感谢薛仁贵的救命之恩，对他说："幸亏爱卿高声呼喊，朕才避免被淹死。别人见死不救，你却临危不惧，现在我才知道这世上有忠臣！"

根据记载，这次山洪附近死了几千人。幸好薛仁贵在。唐高宗非常感谢薛仁贵，以至于日后多次提起这事，这件功劳也许大家认为不是什么开疆扩

循循然善诱人

土的大功，但皇帝认为薛仁贵功劳很大，毕竟是救了自己一命。从此，薛仁贵的人生上了一个新台阶。

唐朝将领多数都是人到中年才允许统领军队。守了10多年玄武门的薛仁贵已经44岁了，终于在658年可以统帅军队了。

也就在这一年，唐高宗命程名振征讨高句丽，以薛仁贵为其副将。从此，开始了他那充满传奇色彩的军事指挥官生涯。

在征讨高句丽的战斗中，薛仁贵立下了赫赫战功。在贵端城之战，薛仁贵在开战不久就击败了高句丽军，斩首3000余级。

在横山之战，薛仁贵和梁建方、契苾何力等，合力大战高句丽大将温沙门。当时，薛仁贵手持弓箭，一马当先，冲入敌阵，所射者无不应弦倒地。

在石城之战，开始时高丽军杀唐军10余人，无人敢当。薛仁贵见状大怒，单骑突入，直取敌将。那个敌将慑于薛仁贵勇武，还没来不及放箭，就被薛仁贵生擒了。

在黑山之战，薛仁贵与辛文陵攻击契丹军，擒契丹王阿卜固以下将士。此战后，薛仁贵因功拜左武卫将军，封河东县男。

661年，一向与唐友好的回纥首领婆闰死，继位的比粟转而与唐为敌。唐高宗诏郑仁泰为主将，薛仁贵为副将，领兵赴天山击九姓回纥。

临行前，唐高宗特在

内殿赐宴，席间唐高宗让薛仁贵试射铠甲。薛仁贵应命，取弓箭望甲射去，只听弓弦响过，箭已穿五甲而过。唐高宗大吃一惊，当即命人取坚甲赏赐薛仁贵。

郑仁泰、薛仁贵率军赴天山后，回纥九姓拥众 10 余万相拒，并令骁勇骑士数十人前来挑战。薛仁贵临阵发 3 箭射死 3 人，其余骑士慑于薛仁贵神威都下马请降。薛仁贵乘势挥军掩杀，九姓回纥大败，所降全部坑杀。

接着，薛仁贵又越过碛北追击残敌，擒其首领兄弟 3 人。

薛仁贵收兵后，军中传唱说："将军三箭定天山，壮士长歌入汉关。"从此，回纥九姓衰败，不再为边患。

666 年，高句丽莫离支渊盖金死，其子于泉男生继位，但为其弟泉男健驱逐，特遣使者向唐求救。唐高宗派庞同善、高品前去慰纳，为泉男健所拒，于是，唐高宗命薛仁贵率军援送庞同善、高品。

行至新城，庞同善为高句丽军袭击。薛仁贵得知后，率军及时赶到，击斩敌首数百级，解救了庞同善。庞同善、高品进至金山，又被高句丽军袭击，薛仁贵闻讯后，率军将高句丽军截为两段奋击，斩首 5000 余级，并乘胜攻占高句丽南苏、木底、苍岩三城，与泉男生相会。

唐高宗闻之战报，特下诏慰勉薛仁贵。接着，薛仁贵又率军进攻高句丽重镇扶余城。这时，部将都以兵少，劝他不要轻进。

薛仁贵说："兵在善用而不在多，于是率军出征。"

在扶余城战役中，薛仁贵身先士卒，共杀敌万余人，攻拔扶余城，一时声威大震。扶余川 40 余城，也纷纷望风降附。

这时，唐朝政府又派李绩为大总管进攻高句丽。薛仁贵也沿海继进，与李绩合兵于平壤城。最后，高句丽降伏。

攻降高句丽以后，唐高宗命薛仁贵与刘仁轨率兵 2 万人留守平壤，并且授薛仁贵为右威卫大将军，封平阳郡公，兼安东都护。薛仁贵受命以后，便移治平壤新城。

薛仁贵在任安东都护期间，抚爱孤幼，存养老人，惩治盗贼，擢拔贤良，褒扬节义之士，高句丽士民安居乐业。

就在薛仁贵治理平壤新城期间，吐蕃渐趋强盛，击灭了慕容鲜卑建立的吐谷浑，又侵略唐西域地区。为此，唐高宗调任薛仁贵为逻婆道行军大总管，并以阿史那·道真、郭待封为副将，率军10余万人，征讨吐蕃。

薛仁贵奉命西行，军至大金川，即今青海省共和县西南切吉平原。

在是否进军乌海的问题上，薛仁贵对阿史那·道真说："乌海地势险要，瘴气弥天，是我等远来之军的死地，可谓充满凶险的一条路。但是，假如我们神速进军，就一定能成功，迟疑不决就必然失败。我建议留守一些部队守住大本营。我们现在所处的地势宽阔平坦，可以于险要处设置几个悬笼，笼内装上辎重，留万人把守。我带军日夜兼程，奇军奔袭吐蕃，必可获胜。"

阿史那·道真同意了薛仁贵的建议。他们让副将郭待封带队留守，临行前，薛仁贵又嘱咐郭待封千万不可轻举妄动，只等前线消息，做好接应工作。薛仁贵安排好后，率部前往乌海。到了河口一带，与吐蕃守军数万人遭遇。薛仁贵率军一阵冲杀，将吐蕃守军斩获殆尽。薛仁贵收其牛羊万余头，浩浩荡荡，向西而去，直逼乌海城。与此同时，他派千余骑兵回大本营接运辎重。然而，不想这时郭待封已被吐蕃击败。薛仁贵因无辎重接济，向大本营方向退军。

吐蕃军闻讯，调集40万大军前来进攻，唐军抵敌不住，大败。但吐蕃并不穷逼，以唐军不深入为条件与唐议和，薛仁贵不得已应允，然后率败军东归。

这是薛仁贵仅有的一次败绩。但此战也使吐蕃认识到，唐军远师奔袭的速度快得惊人，因此不敢再于西域地区任意所为。

681年，东突厥不断侵扰唐北境，已经69岁高龄的薛仁贵带病冒雪率军进击，以安定北边。

在云州，也就是今天的山西省大同一带，薛仁贵和突厥的阿史德元珍作战。

突厥人问唐兵："唐朝的将军是谁？"

唐兵说："薛仁贵。"

突厥人不信，说："我们听说薛仁贵将军已经死了，怎么还能活过来？别骗人了！"

薛仁贵听说后，走上前来脱下头盔，让突厥人看看清楚。

薛仁贵威名太大了，以前曾经打败过九姓突厥，杀过许多人，突厥人提起他都怕，现在看见了活的薛仁贵，立即下马跪拜，把部队撤了回去。

薛仁贵心想，这次来就是为了严惩你们侵扰唐境的，岂能因为受了几拜就退兵！于是，他立即率兵追击。云州之战，薛仁贵又打了一个大胜仗，斩首1万多，俘虏3万多，还缴获了许多牛马。

在此战过后的683年，战功显赫的薛仁贵因病于雁门关去世。云州之战，竟然成了薛仁贵人生最后一场战争。

匹夫不可夺志

子曰："后生可畏，焉知来者之不如今也？四十、五十而无闻^①焉，斯亦不足畏也已。"

子曰："三军^②可夺帅^③也，匹夫^④不可夺志也。"

子贡问：师与商^⑤也孰贤^⑥？子曰：师也过，商也不及。曰：然则师愈与？子曰：过犹不及。

【注释】

①闻：名誉、声望。

②三军：春秋时代，诸侯大国多设三军。这里三军泛指全队。

③夺帅：使丧失主帅。

④匹夫：一个人，指平常老百姓、普通人。

⑤师与商：颛孙师与卜商。

⑥贤：有德行，多才能。

【解释】

孔子说："年轻人值得敬畏。怎么知道他们将来不如现在的人呢？40岁、50岁还没什么名望的人，也就不值得去敬畏了。"

孔子说："全军的主帅可以被夺去；但一个男子汉，他的志向是不能被强迫改变的。"

子贡问孔子："颛孙师和卜商哪个能干？"孔子说："颛孙师有点过头了，卜商有点不够。"子贡道："那么是颛孙师强一些吗？"孔子说："过头和不够同样不好。"

【故事】

扶苏至死忠君报国

儒家"报国"伦理思想，在秦代表现为报国与忠君相结合。这种观念在扶苏身上体现得最为典型。

扶苏是秦始皇嬴政的长子，人称"公子扶苏"或"扶苏公子"。据说他的母亲是郑国人，喜欢吟唱《诗经》中的情歌："山有扶苏，隰有荷华。"意思是说，山上有茂盛的扶苏，池里有美艳的荷花。

"扶苏"是古人对树木枝叶茂盛的形容，香草佳木之意。秦始皇将长子取名"扶苏"，显见对此子寄托着无限的期望。年少时的扶苏机智聪颖，生具一副悲天悯人的慈悲心肠，随着他的成长，在政见上经常与父皇意见相左。

秦始皇横扫六合，意气飞扬，踌躇满志，以为自上古以来未尝有，五帝所不及。于是，在平定天下后，定帝号为"始皇"，以使后世传之二世三世至于万世。

公元前 212 年，有两名儒生私下里议论当今皇帝施政太严，事发后双双逃走。秦始皇听到消息后极为愤怒，下令御史进行追查，并借机处死 460 多名儒生。

对于秦始皇的这种做法，不是秦帝国的政治精英们都看不到，而是他们或无仁心，或苟安于富贵，不敢拂逆龙鳞；即或无仁，或为一己私利而无勇

长子扶苏

以谏罢了。然而扶苏看到了，而且数次直接劝谏父皇。

身为秦始皇长子的扶苏不同意父亲"焚书坑儒"等举措，多次劝阻秦始皇。他说："天下初定，远方黔首未集，诸生皆诵法孔子，今上皆重法绳之，臣恐天下不安。"希望父皇明察秋毫，赶快中止这种错误的举动。

扶苏说"天下不安"，不仅仅是指那些儒生。在当时，如何巩固秦帝国政权，这是每一个秦国执政者最为关心的。除了"车同轨，书同文"这样公认的治国措施外，在国家制度上，在法律实行上，秦帝国众多精英都有自己各自的看法，而最终决定权则在秦始皇手中。

扶苏以史为鉴，向父皇表明态度。他认为，应该像周灭殷后那样，施行宽刑简政，与民生息，缓解各方面尖锐重大矛盾。如果动辄重罪，对刚刚建立的统一政权是极为不利的。

扶苏为了天下苍生而请命，可见其仁；宁愿冒着失去父皇信任的巨大威胁，而犯颜直谏，可见其勇；冷静地看到秦帝国表面无比强大底下巨大的危机，可见其智。

事实上，秦始皇心里是基本承认扶苏的仁政国策，但不允许他在自己的有生之年，来推翻自己之前所定的国策。他对扶苏的多次进谏十分震怒，于是，就派他到北方，去协助大将军蒙恬修筑万里长城，抵御北方的匈奴，希望借此磨砺他的性格。

几年的塞外征战，扶苏已经成长得与众不同。他勇猛善战，立下了赫赫战功，敏锐的洞察力与出色的指挥才能，让众多的边防将领自叹不如。他爱民如子、谦逊待人，更是深得广大百姓的爱戴与推崇。

就在扶苏热切期待回到朝堂一展宏图之时，一场大祸从天而降。

公元前 210 年农历十月，年逾半百的秦始皇在第五次出巡的途中病倒了。虽然他一生都在寻求着长生不老的秘方，但仍然无法抗拒生命的自然运作规律。随着病势一天天加重，秦始皇深知自己的大限已到，当务之急是赶快确定立储之事。

秦始皇将 20 多个儿子一一进行掂量，最后将权力、责任与希望都交给了扶苏，一个自己不喜欢其直言敢谏，却不得不承认其忠言良策大善的儿子；而且扶苏是长子，无可争议的传位第一继承人。他当下招来兼管皇帝符玺和发布命令诸事的赵高，让他代拟一道诏书给长子扶苏。

这时扶苏正监军在上郡，这里位于现在的陕西榆林东南，秦始皇在遗诏中命他将军事托付给蒙恬，赶回咸阳主持丧事。这实际上已确认了他继承者的身份。诏书封好后，秦始皇吩咐赵高火速派使者发出，交给自己的大儿子。岂料老奸巨猾的赵高假意允诺，暗中却扣压了遗诏。

原来，赵高在赵秦两国任事多年，早已谙熟了宫廷权力之争的残酷。他明白，一旦扶苏当上了皇帝，自己必定会受到冷落和排挤，所以，这道遗诏对自己是极为不利的。唯有扶立对自己言听计从的胡亥，才有可能保证自己日后的地位。于是，一个恶毒的计划在赵高的脑海中逐步形成了。

秦始皇病后不久，即驾崩于沙丘平台，就是现在的河北广宗西北太平台。丞相李斯鉴于皇上驾崩于皇宫外而太子又未确立，害怕天下人知道真相后大乱起来，也担心秦始皇的诸多儿子纷纷起来争夺皇位，于是封锁了消息，将棺材置于辒辌车内，队伍所经之处，进献食物、百官奏事一切如故。因此当时除了随行的胡亥、赵高和五六名宠幸之臣知晓秦始皇已逝外，其余的人均被蒙在鼓里。

一天傍晚，车队停下住宿。赵高觉得时机已到，便带着扣压的遗诏来见胡亥，劝他取而代之。

胡亥早就梦想有朝一日能够登上皇帝的宝座，只是碍于忠孝仁义而不敢轻举妄动。现听赵高一番贴心之语，蓄蕴已久的野心不禁蠢蠢欲动起来。但他知道，这事没有丞相李斯的支持不行。于是，赵高愿替胡亥去与丞相谋划。

李斯是秦王朝开国元老之一。他跟随着秦始皇多年了，协助秦始皇统一天下，治理国家，因而在朝中享有很高的声望。赵高看出：只有争取到李斯，篡位之事才有可能成功。为此，他决定话语攻心说服李斯。

赵高径直找到李斯，有恃无恐地对他坦言："皇上驾崩一事，外人无从知道，给大公子扶苏的诏书及符玺也在我那里，定谁为太子，全在丞相与高一句话，丞相看着办吧！"

李斯大惊，听出了他想篡诏改立的意图。当下断然拒绝，义正词严地说："如此大逆不道的话，你怎么说得出口！斯本来出身低微，幸得皇上提拔，才有今日的显贵。皇上现今将天下存亡安危托付给你我，怎么能够辜负他呢！"

赵高是何等奸猾之人，见正面游说无效，便一转话锋，问道："丞相，依你之见，在才能、功绩、谋略、取信天下以及扶苏的信任程度这几方面，你与蒙恬将军谁强呢？"

这句话正好触到了李斯的痛处，他沉默半晌，黯然地说："我不如他。"

赵高装出十分关切的样子，进一步试探道："丞相是个聪明人，其中的利害关系恐怕比高看得更清楚。大公子一旦即位，丞相之职必定落入蒙恬之手，到时候，你还能得善终吗？胡亥公子慈仁敦厚，实乃立嗣的最佳人选，希望丞相仔细度量度量。"

赵高的说辞，实在无愧于任何一位战国纵横家，以危言耸听直指人心，让对方避无可避，逃无可逃。

李斯此刻已经心乱如麻，经过激烈的思想斗争，他终于向赵高妥协了，他仰天长叹一声，滴下泪来说道："遭遇乱世，也只能以保身为重了！"

赵高知计已成，欣喜若狂，马上与李斯合谋，假托始皇之命，立胡亥为太子；又另外炮制一份诏书送往上郡，以"不忠不孝"的罪名赐扶苏与蒙恬自裁。

赵高派出的使者抵达上郡，向扶苏和蒙恬宣读伪诏。指责扶苏在边疆和蒙恬屯兵期间，"为人不孝""士卒多耗，无尺寸之功""上书直言诽谤""意欲谋权夺位"，逼其自杀。

扶苏接到诏书后，如晴天霹雳，肝胆俱裂。当即转身回到帐中，就要拔剑自杀。

蒙恬与始皇素日相交甚厚，对这份意外的诏书产生了怀疑，劝阻道："陛下而今出巡在外，又没有立定太子，诸公子必定都虎视眈眈，暗含窥伺之心。他委任你我监军守边，足见信任之深。今天忽然派使者送来赐死命令，怎知不是有诈？不如提出复请，弄清楚再死不迟。"

那使者早就受了赵高、胡亥等人的指使，只在一旁不断大声催促道："请公子奉诏自裁。"

扶苏一向仁孝，不愿背礼，哪里还去想是真是假，悲伤地对蒙恬说："父赐子死，我不能等待复请！"

蒙恬说："你我手掌重兵，身系国家安危，即使是赐我蒙恬一死，也应当面奉诏，不是惜命怕死，而是为国家计。"

扶苏听后叹惜道："我一日不死，陛下一日不得心安呀。"

其实，扶苏比蒙恬更谙熟政治之中的玄机。他知道在等待"复请"的时候，可以选择逃亡，可以选择反叛，只是他不想做罢了。

因为扶苏清楚地知道，秦帝国的巨大危机之下，再也容不得父子反目，再也容不得兄弟阋墙。为了最高执政集团的团结，为了政治精英集团即关中文臣武将的团结，为了关中这个秦帝国最为重要基地的稳定，为了秦帝国千载万世之传承，他只能牺牲自己，只能成为祭品。

于是，扶苏面向都城咸阳，双膝跪地，泪下如雨，说道："臣今日领命而死，以报陛下。"言毕伏剑自尽，时年 31 岁。

蒙恬不肯不明不白地就死。使者将他囚禁在阳周，兵权移交给副将王离，又安排李斯的亲信为护军，这才回去复命。

胡亥听说扶苏已死，心中大石落地，紧接着，又派人把蒙毅拘留在代地，随后，将秦始皇死讯公告天下。

葬礼过后，胡亥称帝，是为秦二世。赵高被秦二世封为郎中令，成了胡亥最亲信的决策者。从此以后，貌似强大的秦王朝，分崩离析，步入乱世。

后来的起义军领袖陈胜曾经这样说过："胡亥是秦始皇的小儿子，本不应继位，该继位的是长子扶苏。扶苏贤能，却被二世无故杀害了。"

天地虽大，似再无扶苏存身之地，为了洗刷罪名、查明真相，扶苏毅然走入了山雨欲来风满楼的秦末乱世，为这个已快穷途末路的秦帝国尽了最后一份力。其忠诚报国之心，日月可鉴，名垂千古。

李广誓死捍卫边关

汉代儒家学者以"仁"为最高道德，而儒家伦理中的"报国"思想，同样被人们视为行为准则，并体现在各阶层之中。汉代军事领域的李广就是典型的一例。

李广是汉代陇西成纪人。他的先祖名李信，是秦时著名将军。他们老家在槐里，后迁徙到成纪，就是现在的甘肃天水秦安。李家世代传习射箭。

李广生活的汉代初年，北方的匈奴屡次进犯大汉边境。公元前 166 年，匈奴又一次大规模入侵边疆，李广以良家子的身份从军攻打匈奴。因为他精通骑马射箭，消灭和俘虏了很多敌人，因功被选拔出来做汉文帝刘恒的卫兵。

在此期间，李广多次跟随汉文帝射猎。有一次出门打猎时，看见草丛中的一块大石，以为是老虎，李广手持弯弓，舒展长臂，"嗖"的一声，一箭射去。待走到近前，发现石头吞没了箭头，箭杆还在微微震颤着，在场的人既惊且佩。

李广以前住过的郡里曾经有老虎出现，他亲自射杀了它。在右北平住时，李广射过老虎，老虎跳起来伤了李广，李广最终也射杀了它。汉文帝曾慨叹："可惜李广生不遇时，假如生在汉高祖时，万户侯岂足道哉！"

至汉景帝刘启即位时，派李广做了陇西都尉，后来调做骑郎将。吴楚等七国叛乱的时候，李广担任骑都尉，跟随太尉周亚夫去讨平叛乱。在平叛过程中，李广于昌邑城下冲入敌人军阵，夺得了敌军的帅旗，立了大功，以勇而名扬天下。

七国叛乱平定后，李广任上谷太守。后又在北地、雁门、代郡、云中等地做太守，以打硬仗而闻名。参加过平叛任务的将军公孙昆邪给汉景帝上书时说："李广才气，天下无双。"

有一次，匈奴又大规模地侵入上郡，汉景帝派亲信宦官到李广部下接受军事训练，参加抗击匈奴的战争。

一天，这名宦官带领几

十名骑兵去刺探军情，忽然遇见 3 个匈奴人，就与他们打起来。那几个匈奴人射伤了宦官，把几十名骑兵也全射杀了。这名宦官跑回来告诉李广，李广说："这匈奴人一定是射雕手。"说完立刻带领 100 多名骑兵追过去。

李广命令手下骑兵散开分两翼包围过去，自己搭弓射箭射死了两个，活捉了一个。一问，果然是匈奴的射雕手。他们刚把这位匈奴射雕猎手捆好，上马准备回军营，远远望见有几千名匈奴骑兵冲过来。

匈奴兵望见汉军这 100 多名骑兵，以为是汉军派来诱骗他们中计的疑兵，都大吃一惊，立刻上山摆开阵势，准备迎战。

李广手下的骑兵，不少人胆战心惊，想要飞快逃回汉营。李广对他们说："我们离开汉营几十里，现在这 100 多人马往回跑不远，匈奴兵就会马上追过来。现在我们停下来，匈奴兵一定认为我们是主力部队派来诱骗他们中计的，一定不敢来攻击我们。"

接着，李广向手下骑兵发令说："前进！"一直前进到了离匈奴阵地约有两里路的地方才停了下来。然后又发令一齐下马，把马鞍全卸掉。

这时，骑兵们发急了，说："敌人这么多，而且距离我们这么近，万一情况紧急，又怎么办呢？"

李广说："敌人以为我们会逃走，现在我们下了马，卸了鞍，表示不走，摆出让他们追的架势，他们更加相信我们是疑兵。"

果然，匈奴兵一动也不动地观望着。

匈奴阵地上，有一个骑白马的军官，走出来监护他们的队伍。李广看见了，立刻上马同 10 多名骑兵飞奔过去，一箭把他射死。然后再回到自己队伍中卸下马鞍，叫士兵们都把马放了，躺下来休息。

这时，恰巧天快黑了，匈奴兵始终捉摸不定，不敢前来攻击。到了半夜，匈奴兵认为汉军就埋伏在附近不敢前进，连夜撤走了。天亮后，李广才带着 100 多名骑兵安全地撤回汉营。

这次遭遇战中，李广体现了其临危不乱而且善于应变的良好品质。士兵们都传颂李广的冷静、机智。

至汉武帝刘彻即位，众臣认为李广是名勇将，汉武帝于是调任李广任未央宫的卫尉。这时大将程不识任长乐宫卫尉，他俩从前都以边郡太守的身份统领军队，却有截然不同的带兵方法。

程不识以严格治军而闻名，他注重部队的编制、队列和阵式，晚上敲刁斗巡逻，军中事务烦琐。士兵们苦于程不识太严，都喜欢跟随李广作战。

公元前 129 年，匈奴又一次兴兵南下，前锋直指上谷。汉军四路出击：车骑将军卫青直出上谷；骑将军公孙敖从代郡出兵；轻车将军公孙贺从云中出兵；李广任骁骑将军，率军出雁门关。四路将领各率 1 万名骑兵。

这一次，由于匈奴兵多势盛，汉军出师不利。李广终因寡不敌众，在受伤的情况下被俘。

匈奴主一直就听说李广本领高，是个人才，命令部下说："捉到李广，一定要活的给我送来。"匈奴兵把李广射成重伤，就让他躺在一张网里，挂在并排的两匹马中间抬着走。

李广一路装死，走了 10 多里，偷眼看见旁边有个年轻的胡人骑着一匹好马，马上要从身边走过。这时，只见李广纵身一跳，跳到那青年的马上夺了弓箭，把那青年推下马去，快马加鞭，向南飞跑。

匈奴反应过来后，派了几百名骑兵追李广一个人。李广一面忍着伤痛飞跑，一面取出那青年的弓箭，转身射杀快追上来的匈奴兵，最后终于脱险，收集余部回到了京师。

李广展现出的惊人骑射技术，给匈奴人留下深刻的印象，这正是匈奴称其为"汉之飞将军"的由来。

李广单骑脱险后，匈奴仍然屡屡进犯，这一次他们攻入辽西，击败了屯兵渔阳的韩安国。于是汉武帝召李广，封他为右北平太守。匈奴听说"飞将军"

李广在那里驻守，好几年不敢入侵右北平那一带地区。

公元前 121 年，李广以郎中令身份率 4000 名骑兵从右北平出塞，与博望侯张骞的部队一起出征匈奴。李广部队前进了数百里，突然被匈奴左贤王带领的 4 万名骑兵包围。李广的士兵们都非常害怕，李广就派自己的儿子李敢先入敌阵探察敌情。

李广率几十名骑兵，冲入敌阵，直贯匈奴重围，抄出敌人的两翼而回。回来后向李广报告说："匈奴兵很容易对付。"李广的军士听了才安定下来。

李广布成圆形阵势面向四外抗敌。匈奴猛攻汉军，箭如雨下，汉兵死伤过半，箭也快射光了。李广就命令士兵把弓拉满不要发射，他手持强弩"大黄"射杀匈奴裨将多人，匈奴兵将大为惊恐，渐渐散开。

这时天色已晚，汉官兵都很害怕，但李广却意气自如，更加致力于整饬军队。军中官兵从此都非常佩服李广的勇气。

第二天，李广又和敌兵奋战。正在这时，博望侯张骞的救兵赶到，解除了匈奴之围。

公元前 119 年，汉武帝命令大将军卫青与骠骑将军霍去病深入漠北打击匈奴，以彻底根除匈奴若干年来的侵扰。这是汉代朝廷对匈奴采取的最大一次军事行动，规模空前。

李广多次请求随军出征，汉武帝认为他年老未被启用。后来汉武帝终于任命其为前将军，随卫青出征，但暗地里嘱咐卫青不要让李广与匈奴单于正面对阵。

汉军出塞后，李广希望作为先锋正面对抗单于，卫青不接受他的请求，命令长史下道文书，让李广赶快到所在部队去，照文书说的办。

李广内心极其恼怒地回到营中，他没有向卫青告辞就领兵与右将军会合从东路出发了。结果部队因无向导而迷失了道路落在大将军后面，耽误了约定的军期。

在这次大规模的漠北之战中，卫青创造性地运用车骑协同的新战术，命令部队以武刚车"自环为营"，以防止匈奴骑兵的突然袭击，而令 5000 名骑兵出击匈奴。最后取得辉煌战果，从根本上打击了匈奴的军事力量。

部队胜利会师后，由于要向汉武帝汇报此战的经过，卫青派长史拿了干粮酒食送给李广，顺便问起李广等迷路的情况。李广误了军期，要被上报，一时羞愧难当，当着长史的面拔刀自刎。

李广部下从将军到军士、大夫一军皆哭。百姓闻之，无论认识与不认识他的男女老幼，皆为之流泪。

李广爱兵如子，凡事能身先士卒。行军遇到缺水断食之时，见水，见食，士兵不全喝到水，他不近水边；士兵不全吃遍，他不尝饭食。对士兵宽缓不苛，这就使得士兵甘愿为他出死力。

李广为抗击匈奴，英勇杀敌，报效国家，为保卫边疆安全，立下了汗马功劳，而且机智勇敢，与士兵同甘共苦。他几乎一生都奔驰在北国边疆战场上，不愧是一位充满报国热情的名将。

卜式捐献家财助边防

汉代报国思想不仅体现在军事领域的李广身上，普通百姓中也有心怀国家、矢志报国的人。农民卜式就是一例，展示出儒家伦理的巨大感化力量。

卜式是汉武帝时河南人。出身于一个普通的农民家庭，靠种田和放羊为业。父母去世后，卜式把父母辛苦一辈子挣来的绝大部分财产全留给了弟弟，自己只赶着一群羊到山林里谋生。

10 多年过去了，卜式辛勤劳动，羊发展到了几千只，于是，他又买了田地房宅，成为当地的富户。这时候，北方的匈奴人经常来干扰边境人民的生活，

匹夫不可夺志

汉武帝连年派兵征讨匈奴，花去了不少人力和财力。

卜式知道了这一情况，为了抗击匈奴，维护人民生活的安宁，他给本地的县官写信说，愿意拿出家产的一半，做边疆打仗的费用。县官转报给汉武帝。汉武帝觉得卜式这种行为值得赞扬，连忙派一个使者来了解一下卜式为什么要这样做。

使臣亲自来到卜式居住的山庄，问道："卜式你捐家产给边防，是不是想要当官呀？"

卜式马上回答说："我从小就会放羊，不知道怎么做官，我不愿意当官。"

使臣又问："那么你家里有什么冤枉事吧，想通过这个办法申冤，你想说说吗？"

卜式回答说："我生来不和任何人争吵，我对乡亲们也很好，穷的我主动借给他们钱帮助他们生活，不善良的人我尽量说服他们从善，和我交朋友的人很多，我怎能受到别人的冤枉？另外，我根本没有什么向朝廷要说的事。"

使臣又说："假如真像你说的那样，那么你这样做又有什么要求呢？"

卜式想了想说："国家正在讨伐匈奴，我认为臣民应当为守卫边防尽义务，有钱出钱，有力出力，只有这样才能早日平息匈奴的祸患，我们才能过上平静的日子。除此之外，我没有任何要求。"

使臣听了卜式的话很为感动。回到京城后，使臣建议汉武帝召见卜式，但由于丞相不相信，没有召见，卜式仍然在山里牧羊、种田。

又过了一年多，由于连年征战，边境不得安宁，有大批移民不得不迁移内地，一切费用全都依靠国库支付，结果造成国库空虚，财政困难。

当时，很多富豪人家都把钱财藏起来不捐献，县官们都感到很为难。

这时，卜式又持钱 20 万献给河南太守，做移民费用。河南太守把卜式的名字写在记录册上，上报给汉武帝。

汉武帝在记录册上看到了卜式的名字，联想起以前他捐家产给边防的事迹，这才认为卜式是一位爱国爱民的忠厚长者，于是拜卜式为齐王太傅。

又过了一段时间，南方边境有外族侵犯，卜式又给朝廷写信，要求和他儿子一起到南方守卫国家边疆。

汉武帝很佩服卜式的爱国精神，让他做了中郎。又下诏书说：

> 卜式虽然是牧羊种田的农民，但他不自私，在国家有困难的时候，能积极主动为国分忧，不仅为国家捐献余钱，而且父子愿意为国赴难。虽然还没有去前方打仗，但表现出他们的忠义之情。我赐他为爵，赏他黄金 40 斤，田地 10 顷。

这一诏书用布告的形式公布于全国，用他的良好品德教育、激励天下人，号召官员们以卜式为榜样，为国分忧。

开始的时候，卜式不愿意做官，汉武帝说："我有羊在林里，希望你去牧它们。"卜式才做了官，穿着布衣草鞋就去牧羊。一年多后，羊都很肥美。

汉武帝探访他牧羊的地方，对这很满意。卜式说："不仅仅是羊，治理人民也是这样。按时起居，凶恶的人赶走，不要让整个群体败坏。"

汉武帝对他的话很惊奇，说他是内心有高尚的品德的人，让他试着治理人民，由中郎转做御史大夫。

国家兴亡，匹夫有责。卜式作为一个普通的农民，能有这样的思想和作为，已经可以流芳千古了。他的爱国、报国的高尚情操，一直激励着后人。

郑玄三年未见过老师

东汉的时候，有一个很有名的学者叫郑玄。他年轻时，因为家里生活不宽裕，没念几年书，便被迫辍学在家。郑玄渴望读书，有几次，他鼓起勇气向父亲提出要求："请你允许我再去读书吧！"

可郑玄每次提出要求，都遭到父亲的斥责。但他并不灰心，仍千方百计地争取上学。父亲拗不过他，只好把他送到京城的太学里读书。学业结束后，他又到处拜师求学。郑玄曾拜当时有名的学者张恭祖为老师，学到了许多知识。后来听说陕西有个马融很有学问时，他又不远千里地来到陕西拜马融为老师。

马融有 400 多名学生，平时能够进到马融屋子里去听课的只有 50 多人，然后再由这些弟子去传授给其他学生。郑玄在马融那里学了快三年，一次也没见到过马融。他的数学成绩很好，但他一点也不骄傲，而是随时把不懂的问题记下来，准备在见到老师时问个明白。有一天，马融和他的学生们遇到了一些数学难题，算了很久也算不好。有人向马融推荐："郑玄的数学很好。"

郑玄等了三年，终于见到了老师。他算出了全部难题，并向马融请教了那些记录下来的疑难问题。马融看到郑玄既虚心又肯动脑筋，称赞道："真是个有志向的人呀！"

骁勇善战的杨业

杨业就是传说中的杨老令公。他从小爱好骑马射箭，学了一身武艺。杨业原为北汉军官，北汉主刘崇赐其姓刘，名继业。

北宋灭北汉后，杨业随其主刘继元降宋，宋太宗命他复姓杨名业。因他熟悉边事，仍任他为代州刺史，授右领军卫大将军，长驻代州抵抗辽兵。

980年，辽国驸马萧多罗率军10万侵犯代州北面的雁门关。警报传至代州，杨业手下只有几千骑兵，力量相差太远，大家都很担心。

杨业决定出奇制胜，带领几百骑兵，从小路绕到雁门关北面，在敌人背后进行攻击。

辽军正大摇大摆向南进军，不料一声呐喊，宋军从背后杀了出来。辽军大惊，不知道宋军有多少人马，吓得四散逃奔。这一仗，杨业刀斩萧多罗，生擒了辽将领李重海，使辽军闻之丧胆。

杨业以少胜多，打了一个大胜仗。宋太宗非常高兴，特地给杨业升了官。从此，"杨无敌"的威望越来越高了。

杨业立了大功以后，一些大官僚非常妒忌。他们恐怕杨业的声望和地位超过自己，就设法排挤陷害他。但宋太宗不听这些坏话。他把这些奏疏封起来，送给杨业，表示对杨业的信任。那些大官僚的陷害，暂时算是搁下来了。

过了几年，辽景宗耶律贤病死，他的儿子辽圣宗耶律隆绪继位。辽圣宗年仅12岁，由他的母亲萧太后执政。宋太宗见辽国政局发生变动，认为机会来了，决计出兵收复辽国占领的燕云十六州。

986年，宋太宗派出曹彬、田重进、潘美率领三路大军北伐，并且派杨业做潘美的副将。三路大军分路进攻，旗开得胜。潘美、杨业的一路人马出

了雁门关，很快就收复了4个州。

其中曹彬率领的东路军因粮草不济逐渐落后，中路军田重进随后也被打败，宋军败局已定，宋太宗于是命令各路宋军撤退。但潘美率领的西路军却还有另外一个任务，就是掩护4个州的百姓撤退。

潘美、杨业接到命令，就领兵掩护4个州的百姓撤退到狼牙村。那时候，辽军已经占领寰州，来势很猛。杨业建议派兵佯攻，吸引住辽军主力，并且派精兵埋伏在退路的要道，掩护军民撤退。

监军王侁反对杨业的意见，说："我们带了几万精兵，还怕他们？我看我们只管沿着雁门大路，大张旗鼓地行军，也好让敌人见了害怕。"

杨业说："现在的情况是敌强我弱，这样干一定会失败。"

王侁带着嘲笑的口吻说："杨将军不是号称无敌吗？现在在敌人面前畏缩不战，是不是另有打算？"

这一句话把杨业激怒了。他说："我并不是怕死，只是看到现在时机不利，怕让兵士们白白丧命。你们一定要打，我可以打头阵。"杨业带领手下人马出发了。

杨业出发时，对潘美说："这次出兵，一定不利。我本想等待时机，为国杀敌立功，如今有人责难我畏敌不前，我愿意先死在敌人手里。"同时，他又说："你们在陈家谷准备好步兵弓箭，接应我们。否则，军队就回不来了。"

说完，杨业就带领人马，直奔朔州前线。随同前往的，还有他的儿子杨延玉和岳州刺史王贵。

杨业出兵没有多远，果然遭到辽军的伏击。杨业虽然英勇，但是辽兵像潮水一样涌上来。杨业拼杀了一阵，抵挡不住，只好一边打一边后退，把辽军引向陈家峪。

到了陈家峪，正是太阳下山的时候。杨业退到谷口，只见两边静悄悄，连宋军的影儿都没有。

原来杨业走了以后，潘美也曾经把人马带到陈家峪。等了一天，听不到杨业的消息，王侁认为一定是辽兵退了。他怕让杨业抢了头功，催促潘美把伏兵撤去，离开了陈家峪。等到他们听到杨业兵败，又往另外一条小道逃跑了。

杨业见约定的地点没人接应，只好带领部下转身跟追上来的辽兵展开搏斗，到了后来，杨业身边只有100多个兵士。他含着泪，高声向兵士说："你们都有自己的父母家小，不要跟我一起死在这里，赶快突围出去，也好让朝廷得知我们的情况。"

兵士们没有一个愿意离开杨业。最后，兵士都战死了，杨业的儿子杨延玉和部将王贵也牺牲了。

杨业身上受了10多处伤，浑身是血，还来回冲杀。此时，辽国名将萧达凛从暗中放出冷箭，射中他的战马，马倒在地下，把他摔了下来。辽兵乘机围了上来，把他俘虏了。

杨业被俘以后，辽将劝他投降。他抬起头叹了口气说："我杨业本来想消灭敌人，报答国家。没想到被奸臣陷害，落得全军覆没。哪还有脸活在世上呢？"他在辽营里，绝食了三天三夜就去世了，享年约59岁。

杨业战死的消息传到东京，朝廷上下都为他哀痛叹息。宋太宗丧失了一名勇将，自然也感到难过，杨业死后，宋太宗削潘美三级，把王侁除名流金州。

杨业死后，他的子孙继承其精忠报国的遗志，坚持抗击辽国。其中杨延昭、杨文广最负盛名。

精忠报国的岳飞

岳飞出身农家，少年时性情深沉，不爱说话，但他非常好学，尤其喜欢读《左氏春秋》、孙膑及吴起兵法之类的书籍。在长期的艰苦劳动中，他受到了很好的锻炼。他意志坚强，身体结实，力气很大。十七八岁，他就能拉动 300 斤的强弓。

在那个兵荒马乱的年代，年轻人都愿意抽空练习武艺，以便保家卫国。19 岁时，岳飞应募从军。从此，岳飞开始了他那壮丽的军旅生涯。

1127 年，金灭北宋，掳宋徽宗赵佶、宋钦宗赵桓及皇家宗室北归。5 月，康王赵构于南京继位，史称南宋，这就是宋高宗。在南宋初期，宋高宗主张收复失地，启用了大批主战将领，其中就有岳飞。岳飞坚决反对议和，主张抗战到底，收复失地。宋高宗并未采纳岳飞的建议，并以越职为由将岳飞罢官。

之后岳飞北上，入河北招讨使张所军中。张所很赏识岳飞，很快升岳飞为"从七品武经郎"、任统制。随后，命岳飞入王渊部，北上抗金。岳飞作战有勇有谋，数败金兵，声威大震。

1139 年，岳飞听说宋金和议将达成，立即上书表示反对，申言"金人不可信，和好不可恃"，并直接抨击了相国秦桧出谋划策、用心不良的投降活动，使秦桧心中抱恨。

和议达成后，高宗赵构下令大赦，对文武大臣大加爵赏。可是，诏书下了 3 次，岳飞都加以拒绝，不受封赐。后高宗对他好言相劝，岳飞方受。

1140 年，金国撕毁和议，兀术分四路来攻。由于没有防备，宋军节节败退，城池相继失陷。随后高宗命韩世忠、岳飞等出师迎击。很快，在东、西两线均取得对金大胜，失地相继收回。

岳飞挥兵从长江中游挺进，实施锐不可当的反击，他一直准备着的施展收复中原抱负的时机到来了。岳家军进入中原后，受到中原人民的热烈欢迎。

同年，岳飞亲率一支轻骑驻守河南郾城，和金兀术1.5万精骑发生激战。岳飞亲率将士，向敌阵突击，用"铁浮图"和"拐子马"战术大破金军，把金兀术打得大败。

岳飞部将杨再兴，单骑闯入敌阵，想活捉金兀术，可惜没有找到，误入小商河，被金兵射到几十处箭伤，豪勇无比。

岳家军将士具有"守死无去"的战斗作风，敌人以排山倒海之力，也不能把岳家军阵容摇动。

郾城大捷后，岳飞乘胜向朱仙镇进军，金兀术集合了10万大军抵挡，又被岳飞打得落花流水。

这次北伐中原，岳飞一口气收复了颍昌、蔡州、陈州、郑州、河南府、汝州等10余座州郡，中原之地基本被岳家军所收复，并且消灭了金军有生力量。金军全军军心动摇，金兀术连夜准备从开封撤逃。

岳飞本来可以乘胜北进，收复更多的失地。但宋高宗担心这样会引起金朝统治者的不满，就连下12道金牌，急令岳飞"措置班师"。在要么班师、要么丧师的不利形势下，岳飞明知这是权臣用事的乱命。但为了保存抗金实力，他不得不忍痛班师。

当时的岳飞壮志难酬，百感交集，他叹惜："靖康耻，犹未雪；臣子恨，何时灭"，表示愿"驾长车，踏破贺兰山阙。壮志饥餐胡虏肉，笑谈渴饮匈奴血。待从头，收拾旧山河，朝天阙。"

一首气壮山河的《满江红·写怀》由此作成。

岳家军班师时，久久渴望王师北定中原的父老兄弟，拦道恸哭。岳飞为了保护老百姓的生命财产，故意扬言明日渡河，吓得金兀术连夜弃城北窜，准备北渡黄河，使岳飞得以从容地组织河南大批人民群众南迁到襄汉一带，才撤离中原。

金兀术知道了岳飞撤军，就又整军回到开封，不费吹灰之力，又占领了中原地区。

对于秦桧的卖国行为，岳飞曾经极力反对过。岳飞一回到临安，陷入秦桧等人布置的罗网。他遭诬告"谋反"，被关进了临安大理寺。监察御史万俟卨亲自刑审、拷打，逼供岳飞。与此同时，宋金政府之间，正加紧策划第二次和议，双方都视抗战派为眼中钉，金兀术甚至凶相毕露地写信给秦桧："必杀岳飞而后可和。"

在内外两股恶势力夹击下，岳飞正气凛然。从他身上，秦桧一伙找不到任何反叛朝廷的证据。

韩世忠当面质问秦桧，秦桧支吾其词"其事莫须有"。

韩世忠当场驳斥："'莫须有'三字，何以服天下？"

1142年，岳飞在杭州大理寺狱中被杀害，时年39岁。临死前，他在供状上写下"天日昭昭，天日昭昭"8个大字。

岳飞被害后，狱卒隗顺冒着生命危险，将岳飞遗体背出杭州城，埋在钱塘门外九曲丛祠旁。隗顺死前，又将此事告诉自己的儿子，并说："岳帅精忠报国，今后必有给他昭雪冤案的一天！"

1162年，宋孝宗即位，准备北伐，便下诏平反岳飞，谥武穆，改葬在西湖栖霞岭，即杭州西湖畔"宋岳鄂王墓"，并立庙祀于湖北武昌，额名忠烈，修宋史列志传记。岳飞虽然被杀害了，但他的精忠报国的精神和业绩是不可磨灭的！

蒙古第一猛将哲别

1201 年，铁木真与札木合所率十一部联军会战于阔亦田地方，哲别射伤了铁木真的白嘴黄马。在这次战役中，铁木真拼死获胜，泰赤乌部势衰，哲别终于投奔铁木真。

哲别的名字是铁木真给他起的，意思是"箭镞"，要他"就像我跟前的'哲别'似地保护我"。从此，哲别成为铁木真麾下的一员大将。

1202 年，铁木真征伐塔塔儿部时先立誓约说："战胜追击时，不取遗物，待事毕散发。"事后族人按弹、火察儿和答力台背约，铁木真派哲别和忽必来两人去夺没他们掠获的全部牲畜和财物，分给军中。后铁木真初建怯薛，此时的哲别已是一名重要成员。

1204 年，铁木真进伐乃蛮部，遣忽必来与哲别为前锋。当时，哲别与忽必来、者勒蔑、速不台以"四狗"闻名，被形容为具有"铜的额颅、凿子似的嘴、铁的心、锥子似的舌"的凶猛战将。这一仗，铁木真大胜，擒杀乃蛮部首领太阳汗。

1206 年，铁木真建立大蒙古国，被尊为成吉思汗。并编组千户，哲别被委任为千户长。

从 1211 年起，哲别在征伐全国的战事中屡建奇功。是年冬，哲别采用佯败反击的战术攻入居庸关，游骑进至金中都城外。金的外围部队来援，哲别返袭牧群，驱赶着马队返回驻地。

1212 年冬，哲别攻金东京，又施退兵回袭之计，连退五十程，而后留下辎重，挑选快马，日夜急驰，突然袭击成功。

1213 年，哲别攻取居庸关，成吉思汗遂兵分三路，大举伐金。

1216 年，哲别奉成吉思汗之命进击据有西辽国土的乃蛮部的屈出律。针对屈出律强迫伊斯兰教徒改宗的做法，哲别宣布"每个人都可以有自己的信仰，保持自己祖先的宗教规矩"。

于是他赢得了当地居民的支持。后来，屈出律出逃，被哲别追赶歼灭。

1219 年，成吉思汗发兵西征，哲别为先锋，后以速不台为援，再后以脱忽察儿为援，兵指花剌子模国。哲别与速不台均遵照成吉思汗命令，行进时先不惊动摩诃末；但脱忽察儿违命掳掠，遂使摩诃末闻风逃逸，其子札兰丁迎战失吉忽秃忽，直逼成吉思汗大营。哲别一行倒杀回来，才使战局改观。

1220 年春，成吉思汗兵锋指向撒马耳干，闻知摩诃末南逃，即命哲别、速不台与脱忽察儿率领 3 万精兵穷追。

哲别挥军渡过阿姆河的主源必阳札卜诃，先进抵巴里黑，即今阿富汗北境的巴尔赫。哲别与速不台分兵追寻，哲别经过木维因、祃楼答而、阿模里和阿思塔剌巴忒等城，对抵抗者均加杀戮，在剌夷城与速不台会合。

摩诃末逃到阿模里答讷牙州的郊区，与随行大臣们商议，感到厄运难免，只得遁入宽田吉思海，即今里海，在一个小岛上栖身，不久忧病而死。

1222 年春，蒙古军与谷儿只军队遭遇，哲别带着 5000 人埋伏在一个隐秘的地方，速不台带着军队冲上去。最初，蒙古人败退，谷儿只人追了上来。哲别从埋伏处冲出来，将他们包围在中间，一下子歼灭了 3 万谷儿只人。

在大胜谷儿只军后，哲别和速不台进取打耳班，从此凿石开道，越过太和岭，即今高加索山。

北高加索的阿兰人与黑海、里海北边草原的钦察人联合起来抵抗蒙古人。哲别和速不台派人通知钦察人说，我们是同一部落的人，而阿兰人则是我们的异己，我们之间应该互不侵犯。

同时，给钦察人送去许多财物。钦察人信以为真，撤了回去，这样，蒙古人战胜了阿兰人。接着，哲别与速不台又击溃松散下来的钦察人，并且将原已送去的财物夺了回来。

钦察残部向斡罗思，即俄罗斯国逃去乞援。斡罗思伽里奇侯密赤思老会同乞瓦侯小密赤思老等率领一支 8 万人的大军前来声援。

哲别与速不台又佯作退兵，一连 12 天，斡罗思与钦察联军进行追击，十分疲惫倦怠。蒙古军队突然转身反击，在阿里吉河畔马里乌波里附近大战获胜，俘杀大小密赤思老。

接着，他们抄掠速答黑城热那亚商人的钱财，而后东向攻打也的里河即今伏尔加河上的不里阿耳国，折向东南降伏乌拉尔地区的康里人，最后经锡尔河北边的草原而与成吉思汗的蒙古大军相会合。

1224 年，蒙古军向西越过了第聂伯河，扫荡了"斡罗思"南部并进入克里米亚半岛。这时传来了大军结束西征东返蒙古老家的消息，于是，哲别和速不台率领大军经钦察草原东归。

在东归途中，哲别因年事已高和长年远征的辛劳病死于军中，没有能够再一次回到大汗的帐前，回到蒙古高原。曾经威震蒙古草原，痛击金国，横扫"花剌子模"，西辽、钦察草原的征服者，成吉思汗的"神箭"陨落了。其卒年没有确切记载。

君子成人之美

子曰："君子成①人之美，不成人之恶；小人反是。"

或曰："以德报怨，何如？"

子曰："何以报德？以直报怨，以德报德。"

子曰："人无远虑②，必有近③忧。"

子贡问曰："有一言而可以终身行之乎？"子曰："其恕乎？己所不欲，勿施于人。"

子曰："有教④无类⑤。"

【注释】

①成：帮助促成。

②远：指时间，将来，犹言未来。

③近：眼前，目前，当前。

④教：教育。类：类别。

【解释】

孔子说："君子成全别人的好事，而不助长别人的坏事。小人却与此相反。"

有人问："以恩德回应怨恨，怎样？"

孔子说："这样怎么回应恩德？应该以正直回应怨恨，以恩德报答恩德。"

孔子说："人没有长远的考虑，必定有眼前的忧愁。"

子贡问："有一个字可以终身奉行吗？"

孔子说："那就是'恕'字吧？自己不愿意的，不要强加于人。"

孔子说："人人都有受教育的权利。"

【故事】

韩信诚守诺言报大恩

诚信思想贯穿于汉代社会的政治、经济、文化和生活等各个方面，对当时的人们产生了极大的引导作用。西汉王朝的开国功臣韩信，就是诚守诺言，以德报恩的典范之一。

那是在韩信小的时候，他喜读兵书，积累了不少学识，立下了很大志向，想着有一天能披挂上阵，在战场上建功立业，当个将军。当时的韩信很贫穷，日子过得清苦。他跟着哥哥嫂嫂住在一起，靠吃剩饭剩菜过日子。韩信白天帮哥哥干活，晚上刻苦读书，可是刻薄的嫂嫂非常讨厌他读书。

有一次，韩信的嫂嫂看到韩信又在点灯读书，就呵斥道："你读书有什么用，光是浪费我买的灯油！白天又不好好干活，以后不许再读了！"

可是，韩信还是偷偷地读书。结果又被嫂嫂发现了。她大发雷霆，要把韩信赶出去。他哥哥也不敢阻止，韩信就这样被赶出了家门，什么也不能带，只带走了祖宗传下来的一把旧剑和一本残破的兵书。

韩信从此流落街头。他年纪还小，也没有什么本事，就想帮人做做劳力活，可没什么人愿意雇他。他找不到活干，东乞西讨的，只能过着衣不蔽体、

食不果腹的艰辛生活。

为了糊口，韩信经常到江边去钓鱼，碰上好运气，倒也能换些钱来勉强度日。可是钓鱼也很不容易，每当钓不到鱼的时候，他就要饿肚子了。

有一天，韩信又到江边去钓鱼，眼看着已经过晌午了，可是连一条鱼也没有钓上来。韩信又饿又累，最后晕倒在河边。

这情景刚好被一位在河边洗衣服的老婆婆看到了。老婆婆心地很善良，她看到这孩子瘦成这样，知道他一定是饿坏了，就赶紧从家里端来一碗饭，给韩信吃。饿昏的韩信闻到饭的香味，慢慢醒了过来，他马上狼吞虎咽地吃起来，转眼间就把饭吃完了。

这样一连几十天，老婆婆都端饭给韩信。韩信很受感动，便对老婆婆立下誓言：

总有一天，我一定会好好报答你的！

老婆婆听了韩信这话，说："你是男子汉大丈夫，却不能自己养活自己，我看你可怜才给你饭吃，只希望你有出息，不要再说报答我的话。"

韩信听了很惭愧，立志要做出一番事业来。他想尽办法去找活干来养活自己，即使工钱少得可怜，他也愿意干。因为他要的工钱低，也就有人来找他干活了。就在这样艰难的环境中，韩信逐渐长大了。除了给别人干活，他有空时就仍然翻看那本破得不能再破的兵书，也常温习书上画的剑术套路。

在韩信的家乡淮阴城，有些年轻人看不起韩信。韩信常常受到一些人的白眼，甚至有人欺负他。

有一天，一个少年无赖看到韩信身材高大却常佩带一把剑，认定他是个胆小鬼，便在闹市里拦住韩信，说："你这小子，挂着把剑是吓人的吗？你要是有胆量，就拔剑刺我；如果是懦夫，就从我的裤裆下钻过去！"

围观的人知道这是故意找茬羞辱韩信，都想看看韩信到底会怎办。

韩信压根儿就对街头打架斗殴很鄙视，他的志向是做大将军，怎么能因为这等区区小事误了远大目标！只见韩信想了一会儿，一言不发，趴在地上，就从那人的裤裆下钻过去了。

当时在场的人哄然大笑，无不认为韩信是胆小怕死、没有勇气的人。这就是后来流传下来的"胯下之辱"的故事。

后来，韩信投入项羽的楚军，没有得到重用；他又改投到刘邦的汉军，依然只是无名小卒。他觉得在军队中没有出头之日，就决定逃走。但刘邦的军师萧何认定他是个将才，于是"月夜追韩信"，将他追了回来，推荐给刘邦。

刘邦听从萧何的建议，拜韩信为大将。果然，韩信胸怀韬略，率领军队常打胜仗，成为一个很著名的将领，立下许多功劳。刘邦建立大汉王朝后，成为汉高祖，封韩信为"楚王"。韩信与萧何、张良并列为"汉初三杰"，成为名载史册的人物。

韩信功成业就后，想起了那位在河边给他饭吃的老婆婆，就说："我说过一定要报答她老人家的，现在是时候了。"

韩信派人到原先河边那一带去找那个老婆婆，没费多少事就找到了。韩信很高兴，立即带着仆从们赶回家乡淮阴。楚王威风的队伍到了淮阴，轰动了全城。当年让韩信钻过裤裆的那个少年无赖已变成了牛高马大的汉子，被韩信的卫士抓到了楚王的跟前。

那汉子吓得苦胆也破了，跪在地上直哆嗦。韩信对他说："我还要谢谢你！当年要不是你那样侮辱我，我就不会那样发愤，也就不会有今天！"韩信赏给他一些银子。那汉子感动得直流泪，围观的人无不佩服韩信那大度包容的胸襟。

随后，韩信赶快去见老婆婆，对她说："老大娘，您可还记得，多年前有一次去河边洗衣服，给一个饿坏了的孩子吃了一碗饭吗？后来又连续几十天给他饭吃？那个孩子就是我呀！那时候我说以后会报答您，现在我来实现我的诺言了！"说完，命人拿来 1000 两黄金，双手捧给老婆婆。

老婆婆说："你不要拿这些钱给我，一来我已经老了，活不了几天了，要这么多钱没有什么用了；二来我也没有为你做过什么大不了的事，哪能要你这么多的钱呢？"

韩信恳切地说："当年我饿肚子的时候，您给我吃的虽然是粗茶淡饭，但对我来讲这帮助是很可贵的，更何况您那时是在自己生活也很困难的情况下帮助我的。现在我有能力了，理应报答您老人家！而且当年我也说过等我以后做了大事，一定要好好报答您的！"

他还说："我知道，您当年不是为了要我报答才帮助我的。也正因为如此，我才更感到您是真心对我好。所以，我就更应当好好地感谢您，报答您！"

济困、报恩，都是中华民族的传统美德。韩信在困顿时得到过那位老婆婆的接济，并声称要好好地报答她老人家，这实属常理。

韩信帮助刘邦打下了天下，封了侯后，报答那位老大娘，这是践诺，这是守信。

诚实善良的乐羊子妻

韩信践诺报恩感动了世人，而乐羊子妻的诚实善良，知书达理，同样被载入史册，至今流传。

乐羊子妻是汉代洛阳有名的贤惠女子。她的家境贫寒，她善于自律，也希望自己的丈夫做个谦谦君子，更希望他能够有所建树。

有一次，乐羊子在路上捡到一大块金子，就高高兴兴地拿回家，把金子交给了妻子。

妻子问道："这金子是哪里来的？"

乐羊子说："是在路上捡的。"

妻子说："这是别人的东西，我们不能要。"

乐羊子辩解道："反正也找不到主人了，留下也没关系。"

妻子严肃地说："别人的东西就是别人的，即使是人家不小心丢掉，被你捡来了，也不能就把它当作自己的东西。"

为了让丈夫明白其中的道理，妻子这样说道："我听说，有志气的人连叫'盗泉'的水都不喝，诚实廉洁的人不接受他人傲慢侮辱施舍的食物。依我看，对于这捡来的东西更不应该要。如果你为了贪图小利，把这块金子留下了，就是不诚实的表现。你得到了这块金子，却丢失了诚实守节、廉洁自律的高尚品行。"

乐羊子听了妻子的话，觉得非常惭愧，就把金子扔到野地里去了。

后来乐羊子按照妻子的话收拾好行李出远门去了。一天，妻子正织着布，忽然听见有人敲门。她过去开了门一看，站在面前的竟然是自己日夜想念的丈夫。她高兴极了，忙将丈夫迎进屋坐下。

可是惊喜了没多久，妻子似乎想起了什么，疑惑地问丈夫："才刚刚过了一年，你怎么就回来了，是出了什么事吗？"

乐羊子望着妻子笑答："没什么事，只是离别太久了，实在忍受不了，就回来了。"

妻子听了这话，半晌无语，表情很是难过。她抓起剪刀，快步走到织布机前，"咔嚓咔嚓"地把织了一大半的布都剪断了。

乐羊子吃了一惊，问道："你这是干什么？"

妻子回答说："这些丝织品都是从蚕茧中生出，又在织机上织成。一根丝一根丝地积累起来才达到一寸长，一寸一寸地积累，才能成丈成匹。现在割断这些正在织着的丝织品，那就会丢弃成功的机会，迟延荒废时光。您要积累学问，就应当每天都学到自己不懂的东西，用来成就自己的美德；如果中途就回来了，那同切断这丝织品又有什么不同呢？"

乐羊子听了这话恍然大悟，意识到自己错了，不由得羞愧不已。他再次离开家去求学，整整过了7年的时间，最终学有成就。

乐羊子在外求学期间，乐羊子妻对乐羊子的妹妹、也就是自己的小姑子很是照顾，常常抢着干家里的活。姑嫂两人原本感情就很好，现在又加深了一步。

有一天，乐羊子妻到地里去干活了，只有小姑子在家。她看见邻居家的一只母鸡跑到自己家的菜地里，于是她就想：嫂子待我像亲妹妹一样，并且为了哥哥的学业整日操劳，一年到头也吃不上几次肉，不如杀了这鸡炖给嫂子吃，让嫂子补补身子。于是，她就把那只母鸡抓住，给嫂子做了一顿可口的肉食。

傍晚，乐羊子妻从田里干活回来，看到碗里的鸡肉，就问："妹子，咱们家的鸡一只也不少，这是哪来的鸡肉啊？"

小姑子不敢欺瞒嫂子，就如实回答了。

嫂子听了之后说："咱们家虽然穷，但是无论如何也不能拿别人的东西。想一想，这也是人家辛辛苦苦养的鸡，我们怎么能白吃呢？"说完就把自己家一只最大的鸡，送到邻居家，并向邻居道歉。

小姑子被嫂子的行为品德感动了，不但向嫂子承认错误，还在心里暗暗发誓：以后一定要向嫂子学习，做一个诚实正直的人。

这天乐羊子妻嘱咐小姑子照顾好家，自己拿上砍柴刀去山上砍柴。乐羊子妻走后，快到中午的时候，突然一个盗贼闯入她家抢劫。盗贼见只有一个女孩在家，先是喝问把钱藏在了什么地方，见逼问不出来，又起歹意，想要施暴。

就在这危急时刻，乐羊子妻砍柴回来，刚进院门，就见一个大汉劫持了小姑子。她知道遇见盗贼了，就快速卸掉柴火，毫不犹豫地持刀奔了过来。

盗贼见到又来一个少妇，就淫邪地说："只要你放下刀依从了我，我就保全你们的性命，如果不从我，我就先杀了她！"

乐羊子妻看着膀大腰圆的盗贼，自知力不能敌，反抗也是徒劳的，心想只有自己以死抗争，才能震慑盗贼，解救小姑子。想到这里，她毅然举起砍柴刀，刎颈自杀了。盗贼见出了人命，就逃跑了。

洛阳太守知道了这件事后，称赞乐羊子妻是贞节烈妇。太守先抓捕了那盗贼绳之以法。然后赐给乐羊子妻丝绸布帛，为她举行葬礼，赐予"贞义"的称号。

乐羊子学成归来，眼见贤妻为保护自己的妹妹献出了生命，悲痛欲绝。他又从妹妹这里得知了家里发生的其他事情，更加思念自己的妻子。据说他此后一生未娶，直至终老于世。

由于乐羊子妻具有高洁的品德和过人的才识，后来南北朝时期南朝宋的史学家范晔撰写《后汉书·列女传》时，将乐羊子妻的故事写入其中，被后世永远传颂。

苏章执法诚实守信

诚实守信的道德情操在汉代苏章身上也有鲜明体现。苏章是东汉时扶风平陵人，在汉安帝、汉顺帝时先后任地方官。

在苏章被朝廷派到冀州担任刺史刚刚上任时，有一双目失明的老人状告清河郡太守贾明贪赃枉法，欺压百姓。苏章看了状纸以后，不禁打了个冷战，喃喃自语道："难道是他？"

原来，苏章有一个儿时的好友也叫贾明。在他的印象里贾明和自己一样，从小就立下了报国安民的远大志向。那时候，他们俩形影不离，一起读书写字，一起练功习武，后来又一起出来做官。做官以后，你东我西，便慢慢失去了联系。

正是因为这个缘故，苏章接到这个状子后就一直在想：难道这个贾明真是自己认识的那个贾明吗？一来案情重大，二来案涉"贾明"，苏章决定先微服私访一番。

其实，苏章的担忧并不是多余的，这个贾明真的就是他认识的那个贾明。

贾明自从担任清河郡太守以后，有权有势，有闲有钱，便慢慢开始腐化堕落，贪污受贿，胡作非为。至于小时候和苏章共同立下的所谓的远大志向，他早已忘得一干二净了。

冀州来了一位新任刺史，这事贾明是知道的，但他并不知道这位新任刺史是谁。他听说有人把状告到了刺史那里，也有些手足无措，主要是怕在新任刺史刚一到任时就捅出此事，一来给大人出了难题，二来自己也感到没有面子，觉得难以收场。

君子成人之美

于是，贾明就让手下帮他出谋划策。谋策很多，包括先把双目失明的那个老人关起来，把他逐出清河，甚至有人提出把他干掉等，但最后真正能用的没有。后来，比较一致的意见是：给那个双目失明的老人一点钱，再跟他说些好话、软话，让他自己把状子撤回算了。

就在贾明他们商量对策的时候，府衙外忽然传来一阵阵喧闹声。几个衙役拼命地拦着一个乞丐，不让他进府衙。那乞丐声称自己是贾大人的儿时伙伴，一定要进去见上一面。

贾明听到外面吵闹得厉害，就走出来看，发现求见者原来竟是一个乞丐，立即吩咐衙役把他轰走了。

贾明的属下依计而行，试图以金钱和好话买通失明老人，让他自己撤诉，却遭到老人的断然拒绝。软的不行，来硬的。属下对老人大打出手。就在这危急的时刻，那个乞丐又及时赶到，出面劝说，动之以情，晓之以理，救了那位双目失明的老人。

那位乞丐不是别人，正是新任冀州刺史苏章。通过这次微服私访，苏章不但知道了清河郡太守贾明就是自己儿时的伙伴，而且了解到双目失明的老人所诉之事千真万确。

这天夜里，苏章躺在床上陷入了沉思，他翻来覆去，思前想后，辗转反侧，彻夜难眠。

此时的贾明也得到了令他高兴不已的消息，新任冀州刺史不是别人，就是自己儿时的故交苏章，不禁一块石头落了地：当年苏章家境贫寒，经常受人欺负，有一次差点被人打死，多亏自己及时出手相救呢！

想到这里，贾明也就松了一口气。可是，当贾明把自己的想法告诉属下后，属下则提醒他要小心为妙。于是，贾明最终还是听从了属下的意见，决定备上厚礼，以叙旧为名，贿赂苏章。

苏章微服私访后，已经掌握了贾明的犯罪事实，心里感到十分痛苦，儿时的好友多年不见，如今终于有机会相见了，却怎么也没有想到一见面是这样，朋友犯了法，该怎么处理呢？苏章思来想去，最终决定亲自去劝贾明坦白自首。

就在微服私访后的第二天，苏章带着衙役又来到了清河郡。也就在这一天，贾明准备亲自到冀州府与苏章刺史"叙旧"。

就在贾明上轿准备出门之时，苏章派人来邀请贾明到他下榻之处赴宴。贾明一听，喜上眉梢：果然是多年好友，真是心有灵犀啊！

贾明衣冠楚楚地来到苏刺史下榻的馆舍。酒席上，苏章对贾明非常热情，又是劝酒，又是添菜。两个人你一言我一语，兴致勃勃地谈论着儿时的趣事和友情，谁也看不出他们两个人各自的心事。

酒足饭饱之后，贾明乘着酒兴对苏章说："苏兄，您我虽非同宗同族，但感情却胜过同胞兄弟，您现在来冀州真是太好了！说实话，现在做官的手脚都不怎么干净。您作为我的顶头上司，如果发现我有什么过错的话，还请多多包涵！"

谁知苏章这时却不动声色地说道："我们今天在此相聚，这是你我之间的私事，我们只叙朋友情谊，不谈别的；其他的事以后再说吧！"贾明被苏章的话搞得一头雾水。

苏章不紧不慢，继续说道："从明天开始，我作为冀州刺史，就要正式办案了！"

贾明听到这里，心里已经有些数了，但他不愿意相信自己的猜测，于是又吞吞吐吐地说："我……我不明白您的意思。"

苏章见贾明这样，就故意又问了一句："你真的不明白？"

贾明还是那样吞吞吐吐地说："我……我……我真的不明白。"

苏章见贾明如此，便单刀直入地说道："你不要再装糊涂了！我虽然刚刚到任，就已经听说你这些年贪赃枉法，聚敛了很多不义之财。如果你想争取宽大处理，我劝你还是趁早坦白自首为好。"

贾明见苏章已把话挑明，又嗫嚅地说："难道您就一点不念及我们当年的友情，执意要为难我不成？"

苏章这时则语重心长地说："不是我不念当年的友情，更不是我执意要为难你。你要知道，我是皇上派来专门惩治贪官污吏的。贪污腐败现象一日不除，百姓就会遭殃，国家就不会安定。我如果袒护了你，且不说我以后无法去处理别人，最起码也违背了我们做人为官的基本准则。"

苏章接着说："做人也好，为官也好，首要的一点就是诚信。对你的所作所为，如果我装作不知道，也不处理，上不呈报皇上，下不告知百姓，那么，我就是上对皇上不忠，下对百姓不诚，中间对自己不实。如果我们这些为官的都是这样，朝廷将失信于百姓，法律将失信于百姓，我们自己也将失信于百姓。"

"所以，你还是坦白自首为好，这是我的忠告。你也知道，我这个人向来是坚持诚信为本、依法办事的，绝不会为了庇护一个朋友去破坏朝廷的王法，更不会违背自己做人的基本准则。今天我就说这么多，你还是回去好好想一想吧！"

贾明听了苏章的一席话，低头沉思了一会儿，便急匆匆地告辞了。第二天天刚亮，贾明又来到了苏章下榻的馆舍，主动向苏章呈交了坦白认罪书，并全部退出了赃款赃物。

苏章核实了贾明的犯罪事实，如实上报朝廷，使贾明受到了应有的处罚。苏章查贪依法办事，不徇私情，劝友诚恳自首，对后世不无借鉴意义。

王缮仁厚急人之难

王缮，宋朝潍州（今山东潍县）人，致力于研究三传春秋，曾中进士。后调到沂州（今山东临沂）任录事参军，在这里，他与一位任司户参军的鲁宗道相识，成为好友。

鲁宗道家中人口多，又很贫穷，还经常领不到每月应得的俸禄，所以王缮经常不断地接济他。一次，鲁宗道家中有事急欲用钱，无奈，只好恳求王缮从俸钱中借一些给他。

由于鲁宗道平日里对部下管束极严，因此库吏怀恨在心，向州官告发了他私借俸钱的事，州官要将鲁宗道和王缮一并弹劾。

王缙对鲁宗道说："你就把过错都推到我的身上，你自己不要承担责任。"鲁宗道怎能忍心这样做，但在王缙的坚持下，终于开脱了鲁宗道，而全由王缙独自承担罪责。事后，鲁宗道非常感动，而又惭愧得无地自容。王缙却一如既往，毫无怨言。

王缙到晚年时，被召到吏部述职答对，这时的鲁宗道已经升了官。鲁宗道就将此事原委细细讲给皇帝。仁宗皇帝感叹说：王缙真是位仁厚的长者啊！

民族英雄戚继光

戚继光自幼喜读兵书，勤奋习武，立志效国。21 岁考中武举，次年进京会试，正逢蒙古俺答汗兵围北京城，戚继光临时守卫京城九门，并两次上书陈述守御方略。25 岁，被提升为都指挥佥事，管理登州、文登、即墨三营 25 个卫所，防御山东沿海的倭寇。

1555 年，戚继光被调任浙江都司佥书，次年升任参将，镇守宁波、绍兴、台州三府。此后，戚继光多次与倭寇作战，先后取得龙山、岑港、桃渚之战的胜利。实战过程中，戚继光认识到明军缺乏训练，作战不力，多次向上司提出练兵建议，最后得到批准。

1556 年 9 月，倭寇 800 多人打至龙山所。山所在定海县境内，北面濒临大海，是倭船往来必经之道。戚继光这时新任参将不久，听到消息立刻率军前往。

倭寇分成三路猛冲过来，明军纷纷溃退。戚继光见形势危急，连忙跳到一块高石上，一连 3 箭将 3 个倭酋射倒，倭寇这才退去。10 月，倭寇又在龙山所登陆，戚继光与俞大猷等率军抗击，三战三捷，倭寇乘夜撤退。

抗倭之战，戚继光初露锋芒，同时认识到明军缺乏训练，临阵畏缩，有必要寻求解决办法。

1559 年秋，戚继光提出建议，决定到义乌招募农民和矿工，得到上司同意。

到义乌后，戚继光进行了严格的挑选，他制定了"四要四不要"标准。

四不要是：不要城里人；不要在官府里任过职的；不要 40 岁以上的人和长得白的人；不要胆子特别小的人和胆子特别大的人。四要是：要标准的农民；要黑大粗壮皮肉结实的人；要目光有神的人；要见了官府还得有点怕的人。

戚继光在义乌招募了近 4000 人，编立队伍，分发武器，进行严格的训练。稍后，戚继光针对沿海地形多沼泽、倭寇小股分散的特点，创立攻防兼宜的"鸳鸯阵"。

从此，这支军队转战各地，取得了辉煌的战绩，人称"戚家军"。

嘉靖四十年（1561 年）四五月间，倭寇大举进犯浙江，船只达数百艘，人数达一两万，骚扰地区达几十处，声势震动远近。

戚继光确立"大创尽歼"的原则，在花街、上峰岭、藤岭、长沙等地大败倭寇，先后 13 战 13 捷，共擒斩倭寇 1400 多人，焚、溺死 4000 多人，使侵犯台州的倭寇遭到毁灭性的打击。

由于台州大捷，戚继光被提升为都指挥使，"戚家军"也闻名天下。

1562 年，戚继光受命入闽剿倭。在此之前，倭寇由于在浙江受到沉重的打击，在福建的活动更加猖獗，一支筑巢于宁德城外海中的横屿，另一支筑巢于福清的牛田，形势非常危急。

横屿是宁德县东北的一个小岛，离岸约有 10 里，和大陆之间隔着浅滩。涨潮时，海水将岛屿与大陆分开；潮退后，又尽是泥淖。倭寇在岛上扎下大营，修筑防御工事，侵占已达 3 年之久。

戚继光为了渡过浅滩，命令士兵铺上干草，随着鼓声向前爬行。到达横屿岸边时，倭寇早已布成阵势，士兵们奋勇冲杀，放火焚烧倭巢，倭寇四处逃窜，明军乘胜追击，消灭倭寇 400 多人。残余倭寇向海上逃命，被淹死 600 多人。

战斗从开始到结束，不过 3 个时辰。随后，戚继光进军牛田、林墩，铲除了福建的三大倭巢。铲平福建三大倭寇后，戚继光回浙江补充兵员，倭寇又猖獗起来。

1562 年冬，倭寇 6000 人攻陷兴化府城，烧杀抢劫，无恶不作。次年 2 月，倭寇退出府城，据莆田东南的平海卫为巢。

1563 年，戚继光率领 1 万多人到达福建。夏天，福建巡抚谭纶命戚家军为中路，刘显为左翼，俞大猷为右翼，向平海卫发动总攻势。

倭寇仓皇应战，戚家军用火器猛烈射击，倭寇战马受惊，乱跑乱窜，左右两翼乘势并进，倭寇大败，逃回许家大巢。

明军进围敌巢，四面放火，倭寇 2000 多人或被烧死，或被杀死，逃窜者也多坠崖和蹈海而死。

平海卫之战不久，又有大批倭寇陆续登陆。

1563年冬，倭寇约2万人围攻仙游，城内居民昼夜死守，双方伤亡都很严重。谭纶和戚继光统兵来救，驻扎于仙游城外6000米处，这时戚继光的部下只有6000人，敌我力量相差悬殊，不宜立即决战。

1564年，戚继光将换防军队进行周密部署，分道向仙游进军。当时倭寇结为四巢，分别盘踞于东、南、西、北四门，中路军直冲倭寇南巢，其他各路配合作战，倭寇丢盔弃甲，全线崩溃，仙游之围得以解除。戚继光这次以寡敌众，大获全胜，体现了卓越的军事才能。

东南沿海的倭患基本平息，但北边仍然存在鞑靼的威胁。为了加强北边的防务，朝廷决定调戚继光训练边兵。1567年年底，戚继光奉命北上，被指定负责蓟州防务。

戚继光将全部防区划分为12路，上面设东、西协守，分管东西各路军队。他虽然全权负责蓟州一线的防务，但练兵主张却得不到朝廷的积极支持，于是将精力主要用到了防御工事上。

他将旧城墙加高加厚，并修筑了大量空心敌台。敌台修成后，戚继光又设立车营，创立各兵种协同作战的战术。

在此期间，因北方士兵纪律散漫，苟且偷安，戚继光请求调浙兵北上，得到朝廷同意，最后调来兵勇2万人，成为守边的主力。戚继光还根据北方的地理条件，实施了车、骑、步三军配合作战的方略。

在蓟州修筑敌台，建立车营，分别配备重车、轻车、步兵、骑兵、火炮等。通过戚继光的艰苦努力，北边防务有了很大的改观。

戚继光从东南抗倭到北镇蓟州，上司谭纶及执政大臣张居正等人，对他的工作都比较支持。尤其是张居正，常把那些作对的官员调开，甚至免除职务，所以戚继光能久镇北边，发挥所长。张居正病故后，反对派群起攻击，戚继光也受到牵连。

1583 年，戚继光被调往广东，两年后被朝廷罢免官职，回到家乡登州。1588 年，戚继光突然发病，与世长辞。

戚继光在抗倭作战中，创立攻守兼备的鸳鸯阵，灵活巧妙地打击倭寇。镇守蓟州，修城筑堡，分路设防，有力地抵御蒙古骑兵。所撰《纪效新书》、《练兵实纪》为明代著名兵书，受到兵家重视。

武臣巨擘岳钟琪

岳钟琪自幼熟读经史，博览群书，说剑论兵，天文地理，习武学射，样样精通。他 20 岁从军，从此开始了戎马倥偬的军事生涯。

1719 年，准噶尔部策旺阿拉布坦遣将袭击西藏，康熙令十四皇子胤禵为大将军，噶尔弼为定西将军，岳钟琪为先锋，进行征讨。当时的岳钟琪 33 岁，英姿勃发，文武兼备，智勇双全，且与士兵同甘共苦，上下一心，士气高涨，锐不可当。

岳钟琪率军，日夜兼行，风餐露宿，刀光剑影。

有一次，他带 600 人去抚定里塘、巴塘的反叛，但当地长官达哇兰坚持反叛立场，拒不接受安抚。于是，岳钟琪当机立断，将其拘捕并斩于军前，杀散叛乱分子 3000 余人。此举的威慑效果使得其他反叛各部相继献户籍，请求归降。当地叛乱很快平息。

1720 年，这年已经是进军西藏的第二个年头了，定西将军噶尔弼令岳钟琪带 4000 人为前锋，先行到达昌都待命。

岳钟琪率军到达预定地点后获悉，叛军已调集部队扼守三巴桥，以阻击清军西进。昌都距叛军驻地 300 千米，中间隔着怒江天险，三巴桥则是进藏第一险，敌若断桥，则守隘难于飞越。

君子成人之美

面对新的情况下，岳钟琪果断决定，乘敌未稳先发制之。遂令懂藏语的士兵30余人，穿着藏族服装抄小道持檄昼夜兼程，以迅雷不及掩耳之势抵达叛军首领驻地洛隆，出密檄示地方官，晓以利害，令协助缉捕噶尔等人。

当夜擒5人，斩数人，闻者莫不震惊。于是，借势招抚六部数万户，打通了直达拉里的通路，为进军拉萨铺平了道路。

1723年，37岁的岳钟琪又奉命抚定青海。当时的抚远大将军年羹尧奏请皇上，要求岳钟琪随军参赞军事。

岳钟琪率6000名精兵，经过了雪域行军，克服了高原严重缺氧的不适应，一路西行，抚定上寺东策卜、下寺东策卜等诸番部。

第二年，岳钟琪以"奋威将军"之职，继续进军青海，出师15天，收复了被叛军占领的青海地区六七十万平方千米的领土。

青海事平，雍正帝授岳钟琪三等公，赐黄带及御制五言律诗两首，又赐金扇一柄，上书御制诗一首。至此岳钟琪以38岁的年龄占尽了人间风华。

除上述平西藏、定青海的军事行动外，岳钟琪尚有进击准噶尔、讨平郭罗克三部、平羊峒、平乌蒙和镇雄土司平雷波土司的叛乱等军事行动。10 多年间，他兵不解甲、人不离鞍，成为无愧于维护国家统一、稳定西部、开拓西部的先驱。

1754 年，岳钟琪抱重病出征镇压陈琨的时候，不幸病卒于四川资中，时年 68 岁。

湘军将领左宗棠

左宗棠出生于书香之家，他 1832 年中举，以后 3 次参加礼部的考试均没有考取，于是他断绝了在仕途上发展的打算，而专心致志地研究地理与兵法。

广西太平天国起义爆发后，当时担任湖南巡抚的张亮基听说了左宗棠后，聘请他为幕僚，做了长沙县知县。

由于守卫长沙有功，左宗棠从知县提拔为直隶州同知。之后，他悉心辅佐张亮基，不但湖南使军政形势转危为安，而且还把其他各项工作也做得很好。为此，出色的左宗棠受到了朝廷很多官员的关注。

1867 年，左宗棠奉命为钦差大臣，督办陕甘军务，率军入陕西围剿西捻军和西北反清回民军。

在此期间，左宗棠开始从事洋务，创办兰州制造局即甘肃制造局、甘肃织呢总局，即兰州机器织呢局，后者为我国第一个机器纺织厂。

19 世纪 70 年代，中亚古国浩罕国为沙俄所消灭，浩罕国流亡军官阿古柏，纠集一些亡命之徒窜入我国新疆，占据新疆喀什噶尔，后来逐渐占领了南部的 8 个城池，又攻败盘踞在乌鲁木齐的回族人妥明。

妥明本是西宁的回人，当初以传播新教而来回于关外。同治初年，乘陕西、甘肃汉人、回民间有发生战事之机举兵发难，占据了乌鲁木齐，并兼并了北边的伊犁等城，收取那里的赋税。

妥明不久被驱逐，在路上死了，但是另一个头目白彦虎逃到乌鲁木齐，他派使者同英、俄勾结，购买军械器具装备自己。而英国人又暗中帮助他，想让他另立一个国家，以挟制俄国。

就在这时，俄国以回民多次扰乱其边境为由，突然发兵驱逐回民，占领了伊犁，并扬言要攻取乌鲁木齐。

1875 年，左宗棠平定陕甘回民起义后，遵照清政府的命令，正准备率军出关，平定阿古柏的侵略。正在此时清廷发生了海疆防守的争议。

朝廷大多数大臣认为自清高宗乾隆平定新疆以来，每年要花费银两数百万，就像是一个无底的漏斗。现在竭尽天下的财力赡养西北官军，没有剩余力量来预防东部海疆的不测之需。

他们认为，应该遵照英国人的建议，准许阿古柏自立为国。作为大清藩国，停止西征，专力于海防。当时军机大臣李鸿章更是力主应该如此。

然而左宗棠却不同意这种观点。最后，清朝朝廷通过决策，让左宗棠继续出塞，并授左宗棠为钦差大臣，统督军事。

1876 年 3 月，左宗棠举兵驻扎肃州。

5 月，湘军统领刘锦棠向北翻过天山，会合清伊犁将军金顺部队先攻打乌鲁木齐，乌城攻克后，白彦虎逃走到托克逊。

9 月，清军攻克玛纳斯南城，北路平息，于是谋划南路。

1877 年 3 月，刘锦棠攻克达坂城，把白彦虎所擒获的回民全部释放，让他们回家。第二天，清军即收复托克逊城。

刘锦棠的两个部下徐占彪和孙金彪两支部队也接连攻破各个城隘，会合另一清军将领罗长祜等部队收复了吐鲁番，收降回民达 1 万余人。阿古柏最后走投无路服毒自杀，他的儿子伯克胡里杀害了自己的弟弟，逃往喀什噶尔。

白彦虎逃到开都河，左宗棠想一鼓作气擒获他，奏章还没上，恰遇内蒙古库伦大臣上书声言本部边境现在正议定疆界。其时朝中大臣也认为西域征战费用巨大，乌鲁木齐、吐鲁番既然已经收复，可以休兵了。这令左宗棠很不理解。此时，俄国正与土耳其开战，金顺请求袭击伊犁。左宗棠说得不到朝廷同意，不可轻易出兵。

同年8月，金顺与刘锦棠在曲会会师。由大道向开都河进发，正面部队清军另一将领余虎恩等从库尔勒出奇兵以助。

白彦虎逃到库国，又到阿克苏，遭到刘锦棠的拦击，白彦虎只好转而窜逃喀什噶尔。

左宗棠大军不久收复了南疆东部4座城池，守备军何步云献喀什汉城向清军投降。伯克胡里接纳白彦虎后，就合力攻打汉城。清军大部队人马赶到，他们又逃往俄国。

南疆西部4座城池相继攻下，左宗棠向朝廷报捷，皇上下诏晋升左宗棠为二等侯。至此在新疆的布鲁特蒙古十四部争相归附清朝。

1878年年初，左宗棠上疏奏叙有关在新疆建行省的事宜，同时请求派员和俄国谈判有关归还伊犁和交换战俘这两件事。

朝廷派遣全权大臣崇厚出使俄国。俄国用通商、划分国界和索要赔款相要挟。崇厚轻率地签订了条约，这不禁引起了朝廷有识之士的纷纷反对，议论好久都没有决定下来。

左宗棠上书说："这种条约是万万不可以签的……"

光绪皇帝认为左宗棠的话大长了朝廷志气，命令把崇厚逮捕治罪，朝廷命原湘军统帅曾国藩之子曾纪泽出使俄国，更改前面的和约。

这时左宗棠请求亲自出兵驻防哈密，策划收复伊犁。他命令金顺即率军出发，作为东路；部下张曜率部沿特克斯河进兵作为中路；刘锦棠经布鲁特游牧地区作为西路。又分别派遣将领谭上连等各带兵驻守喀什噶尔、阿克苏、哈密等地作为后路声援。

这几路部队总共有马兵、步兵 4 万多人，声势浩大，士气高昂，他们决心与俄军决一死战，务必收复伊犁。1880 年 4 月，左宗棠坚决表示自己收复伊犁的决心，命人抬着棺材从肃州出发，5 月抵达哈密。

俄国人听说清军大兵出动，就增兵守卫伊犁、纳林河，另外派兵舰在海上巡弋，以震撼京师。此时天津、奉天等地也同时告警。

7 月，朝廷下诏让左宗棠回京城任顾问，让刘锦棠代替他。俄国人也害怕清军的威武，担心事态发展后会引起决裂而挑起战端。

1881 年年初，中国在赔款上又做出让步后，清与沙俄终于达成了《中俄归还伊犁条约》，中国收复了伊犁的绝大部分地区。

新疆平定后，朝廷升调左宗棠为军机大臣。入朝觐见后，皇上赏赐左宗棠可以在紫禁城内骑马，可由内侍两人搀扶着上金銮殿。

左宗棠在军机处，因他长年在外征战并不熟悉朝中的礼节、掌故，因而屡屡受窘。他性格耿直，难免得罪人，因此就有许多同僚多厌烦埋怨他。

左宗棠本人也不乐意居住在京城之地，于是进京不久，便称病乞求引退。9 月清廷命他出任两江总督、南洋通商大臣。

1883 年 9 月，法国人攻打越南，左宗棠这时已 70 岁有余，而且身体多病，已致仕在家。但当他听知此消息时马上请求到云南指挥军队，并下令让旧部王德榜在永州招募军队，号称"恪靖定边军"。

1884 年，中法战争爆发，云南、越南官军溃败，左宗棠被召入京，再次任职军机处。

不久法军大举向中国内地进犯，光绪皇帝诏令左宗棠到福建视察部队，左宗棠命官员王鑫之子王诗正暗中率军渡海到台湾，号称"恪靖援台军"。

王诗正到台南，受到法兵阻击，他与台湾军民一道最终击败法军。而王德榜会合其他部队在谅山取得大捷。

中法和议达成，左宗棠称疾请求告退，但尚未获准，7 月在福州病逝，时年 73 岁，赠太傅，谥"文襄"。将其灵位入祀于京师昭忠词、贤良祠，并在湖南以及立有战功的各省建立专祠祭祀。

君子成人之美

益者三友

孔子曰："益者三友^①，损者三友。友直、友谅、友多闻，益矣；友便辟、友善柔、友便佞^②，损矣。"

孔子曰："益者三乐，损者三乐。乐节礼乐^③、乐道人之善、乐多贤友，益矣；乐骄乐^④、乐佚^⑤游、乐宴乐^⑥，损矣。"

【注释】

①益者三友：有益的朋友有三种。友直，友谅，友多闻，益矣。友直是指正直的朋友，友谅是指宽容、快乐的朋友，友多闻是指见多识广的朋友。

②便佞：惯于花言巧语。

③节礼乐：孔子主张用礼乐来节制人。

④骄乐：骄纵不知节制的乐。

⑤佚：同"逸"。

⑥宴乐：沉溺于宴饮取乐。

【解释】

孔子说："有益的朋友有三种，有害的朋友有三种。与正直的人交朋友，与诚实的人交朋友，与见多识广的人交朋友，有益处；与走邪门歪道的人交朋友，与谄媚奉迎的人交朋友，与花言巧语的人交朋友，有害处。"

孔子说："有益的爱好有三种，有害的爱好有三种：爱好礼乐，爱好称赞别人的优点，爱好广结善友，有益处；爱好放荡，爱好闲逛，爱好大吃大喝，有害处。"

【故事】

吕岱良师益友徐原

吕岱，字定公，三国时孙吴的将领。他一生屡立战功，80岁时还统兵作战，吕岱不仅以年高领兵出名，更以诚选益友著称。

吕岱的益友是徐原，他们很早就认识了，后来经过不断地接触，两人便成了朋友。吕岱知道徐原家境贫寒，就带衣物去看望。吕岱认为徐原可成大器，就经常同他促膝谈心，激励他尽忠报国。

在吕岱推荐下，徐原做了官。因为主持正义、又有才能，很快就提拔为监察政务的侍御史。

徐原为人心忠胆壮，有话直说。对吕岱更是毫不客气。只要吕岱做事不妥，他就前去劝阻，毫不讲情面。他语言刻薄，不管你能否接受得了。吕岱呢，认为这是"良药苦口利于病，忠言逆耳利于行"。他把徐原看成是一面不可多得的镜子。他从这面镜子里看到了自己的形象，知道了哪是、哪非，避免了很多大的过失。

有人对吕岱说："徐原对您太不留情了，他忘了是您推荐了他！"

吕岱感叹地说："这正是我尊重徐原的缘故啊！"

徐原去世了，吕岱哭得十分伤心。吕岱对劝他的人说："徐原真正是我吕岱的益友啊！他死了，我还能从哪里听到自己的过失呢？"

诸葛亮以信诚服孟获

刘备去世后，诸葛亮受先主之托扶助刘禅继了帝位。就在这时，南中地区几个郡闹起来了。当地一个少数民族首领孟获，联络西南一些部族起来反抗蜀汉。

在当时，蜀汉刚遭到猇亭大败和先主死亡，顾不上出兵。诸葛亮一面派人和东吴重新讲和，稳住了这一头；一面奖励生产，兴修水利，积蓄粮食，训练兵马。过了两年局面稳定了，诸葛亮决定发兵南征。

225 年，诸葛亮率领大军出发。参军马谡送诸葛亮出城，一直送了几十里地。临别的时候，诸葛亮握住马谡的手，诚恳地说："我们相处好几年了，今天临别，您有什么好主意告诉我吗？"

马谡说："南中的人依仗地形险要，离开都城又远，早就不服管了。即使我们用大军把他们征服了，以后还是要闹事的。我听说用兵的办法，主要在于攻心，攻城是次要的。丞相这次南征，一定要叫南人心服，才能够一劳永逸呢！"

其实，马谡说的话诸葛亮早就想到了。诸葛亮点头说："谢谢您的帮助，我一定这样办。"

诸葛亮率领蜀军向南进军节节胜利。大军很快平定了几个郡的叛乱。但南中酋长孟获收集了败郡的散兵继续反抗蜀兵。

诸葛亮一打听，知道孟获不但打仗骁勇，而且在南中地区各族群众中很有威望。于是，他决心把孟获争取过来。他下了一道命令，只许活捉孟获万万不可伤害他。

蜀军和孟获军队交锋的时候蜀军故意败退下来。孟获仗着人多一股劲儿追了过去，很快就中了蜀兵的埋伏。南兵被打得四处逃散，孟获本人就被活捉了。

孟获被押到大营，心里想，这回一定没有活路了。没想到进了大营，诸葛亮立刻叫人给他松了绑，好言好语劝说他归降。但是孟获不服气，说："我自己不小心，中了你的计，怎么能叫人心服？"

诸葛亮也不勉强他，陪着他一起骑着马在大营外兜了一圈，看看蜀军的营垒和阵容。然后又问孟获："您看我们的人马怎么样？"

孟获傲慢地说："以前我没弄清楚你们的虚实，所以败了。今天承蒙您给我看了你们的阵势，我看也不过如此。像这样的阵势，要打赢你们也不难。"

诸葛亮爽朗地笑了起来，说："既然这样，您就回去好好准备一下再打吧！"

孟获被释放以后逃回自己部落，重整旗鼓又一次进攻蜀军。但他本是一个有勇无谋的人，哪里是诸葛亮的对手，第二次又乖乖地被活捉了。

诸葛亮劝他，见孟获还是不服，又放了他。

就这样又放又捉，一次又一次，一直把孟获捉了 7 次。至孟获第 7 次被

捉的时候，诸葛亮还要再放。孟获却不愿意走了。孟获流着眼泪说："丞相七擒七纵，待我可说是仁至义尽了，我打心底里敬服，从今以后，不敢再反了。"

孟获回去以后，还说服各部落全部投降，南中地区就重新归蜀汉控制。

诸葛亮平定南中后，命令孟获和各部落的首领照旧管理他们原来的地区。有人对诸葛亮说："我们好不容易征服了南中，为什么不派官吏来，反倒仍旧让这些头领管呢？"

诸葛亮说："我们派官吏来没有好处，只有不方便。因为派官吏就得留兵。留下大批兵士粮食接济不上，叫他们吃什么？再说，刚刚打过仗难免死伤了一些人，如果我们留下官吏管理一定会发生祸患。现在我们不派官吏，既不要留军队，又不需要运军粮，让各部落自己管理，汉人和各部落相安无事岂不更好？"

大家听了诸葛亮这番话，都钦佩他想得周到。

诸葛亮率领大军回到成都。后主刘禅和朝廷大臣都到郊外迎接，大家都为平定南中而感到高兴。

诸葛亮七擒七纵孟获，最根本的是诸葛亮用诚信化解了人心，赢得了人心。值得一提的是，诸葛亮在完全征服了孟获之后，一反过去胜利者的惯例，一不留士卒，二不留官吏，所夺之地，尽皆退还，再次体现了攻心为上，不欺不瞒，信守承诺的诚信精神。

王勃指瑕《汉书注》

王勃（649～676），唐代的大文学家，初唐四杰中的佼佼者。作品以《滕王阁序》最为著名。675年，王勃去交趾省父，渡海遇险，溺水而死，年仅26岁。自幼遍读诗书，6岁时能写诗文，9岁时作《汉书注指瑕》，16岁已蜚声文坛。

唐朝高宗永徽年间，王勃出生在绛州龙门之地的书香之家——王家。王勃是户主王福畤6子中的第三子，从小酷爱读书。

一日王勃与两位哥哥正在谈诗论文。父亲王福畤和当地名望较高的两位文人走了进来。

王福畤对三人说："别高谈阔论了，快快拜见杜大人、范大人。"

三人作揖后，杜大人说："常来常往，无须多礼。你们王家以诗书传家，一代胜过一代。王勃，你过来。你经、史、子、集、诗、赋、骈文，无所不读，涉猎广泛，知识渊博。所写诗文，我已览阅，构思精巧，文采四溢。"

范大人表示赞同，并说："王勃，你告诉我，你6岁就写诗文，你这写诗作文的灵感从何而来？"

王勃上前一步，作了个揖，谦虚地说："大人过奖了。王勃只不过是凭一时兴起，随手写来而已，哪里谈得上什么灵感？但说真的，书读得多了，脑子也就灵了。我的目标是对前人的诗文学习借鉴，努力开创自己的风格，希望能够独树一帜。大人请勿见笑啊。"

杜大人听后，连连点头，又说："当朝中专门研究训诂之学的大人物中书侍郎颜师古在为《汉书》作注。听说你读了他的《汉书注》之后，竟发现了其中不少的错误，还写了10卷《汉书注指瑕》，可有此事？"

王勃坦诚地说："确有其事。我认为，给古书作注乃是一门极其严肃的学问，不能有丝毫疏误，不然就会贻误后人。我在读《汉书注》时，发现了其中有不少错处，于是就记录下来，指出其错误所在，并予以改正。这些只不过是我个人的见解，不一定成熟。"

范大人想见识一下，便说："可以拿出来让我们拜读拜读吗？"

王勃颇感高兴，便说："正想请二位大人指教呢。"

于是，王勃去书房，取出《汉书注指瑕》10卷，递与二位大人，说："王

益者三友

勃献丑。"

杜、范二人翻阅《指瑕》，不断惊呼："此处有错，是呀！""不错！这样说较为妥当！"等语。杜、范二人看完，拍案叫绝："9岁儒生竟能指出大学问家的差错，堪为奇迹！此童禀赋超常，将来必大有作为！王大人，你这书香门第又出高人啦！"

王勃并未因二位大人的夸奖而骄傲自满，仍刻苦学习，作文练笔。

一日，家中有客人来拜访，父亲王福畤在客厅中招待客人，客厅旁边即是王勃的书房，在书房中，只见王勃端来一杯水，倒一些在一块大砚台中，拿起一块墨，不停地研了起来。研好之后，王勃洗了洗手，揩了一把汗，掀开蚊帐，蒙头就睡。

客厅中，客人对王勃的举动难以理解，就问王福畤："你家公子研好墨，不作文章而上床睡觉，这是何种学习之法啊？"

王福畤笑答道："这是小儿的一个习惯，他往往是研好墨，上床蒙头构思，然后开始写作，一气呵成。"

客人听后，思考片刻，频频点头，并说："此乃打腹稿！贵公子有他的独到之处啊！"

王福畤陪客人闲聊，不多时，只见王勃翻身下床，走到桌前，铺好纸，拿起笔，一首五言绝句顷刻而就。

客人好奇地凑近桌前，王勃谦虚地说："请伯伯指点。"

客人一看，这首五言绝句立意新颖，合仄押韵，而且一字不易，惊叹不已，连声称赞"贤侄奇才"。

公元664年，太常伯刘祥道巡行至关内，年仅14岁的王勃便上书刘祥道，提出了自己对治理国家的一些见解。

刘祥道览阅王勃的《上刘右相书》后，拍案惊呼："14岁的孩童能提出如此精辟的治国方略，实为难得，此乃神童也。"遂吩咐左右去请王勃，对王勃的学识，赞叹不已。

不久后，刘祥道上奏唐高宗，将王勃 9 岁写《汉书注指瑕》十卷等事一一陈述，并称此童才华横溢，才思敏捷，最后向唐高宗举荐王勃为官，唐高宗随即封王勃为朝昔文郎。王勃在职期间，作有大量诗文。16 岁已蜚声文坛。20 岁出任虢州参军，后被革职。26 岁时，写下名扬天下的《滕王阁序》，文采洋溢，辞真意切，流芳千古，历来为后人作文的范文。

公元 675 年，年仅 26 岁的王勃去交趾省父，途中不幸渡海遇险，溺水而亡。王勃是初唐四杰中的佼佼者，他以独特的诗文创作拉开了唐代文学的序幕，使光辉灿烂的唐代文学得以发扬光大。

益者三友

君子有三戒

子曰："侍于君子^①有三愆^②：言未及之而言谓之躁，言及之而不言谓之隐，未见颜色而言谓之瞽^③。"

孔子曰："君子有三戒：少之时，血气未定，戒之在色；及其壮也，血气方刚，戒之在斗；及其老也，血气既衰，戒之在得。"

孔子曰："君子有三畏：畏天命，畏大人，畏圣人之言。小人不知天命而不畏也，狎大人，侮圣人之言。"

【注释】

①侍于君子：是指部下对长官或上司，后辈对前辈，臣子对皇帝，还可以包括朋友之间或同辈对同辈。

②愆：罪过，过失。

③瞽：盲人，瞎子。

【解释】

孔子说："侍奉在君子旁边陪他说话时，要注意避免犯三种过失：还没有问到你的时候就说话，这是急躁；已经问到你的时候你却不说，这叫隐瞒；不看君子的脸色而贸然说话，这是瞎子。"

孔子说："君子有三种戒忌：年少的时候，血气尚未稳定，要戒女色；到了壮年，血气旺盛刚烈，要戒争斗；到了老年，血气已经衰弱，要戒贪得无厌。"

孔子说:"君子有三件敬畏的事情:敬畏天命,敬畏地位高贵的人,敬畏圣人的话。小人不懂得天命,因而也不敬畏,不尊重地位高贵的人,轻侮圣人之言。"

【故事】

孙权知错认错悔改

三国时吴国的张昭,是个经历了两朝的老臣,他在孙权面前从来是直言不讳的,因此获得孙权的信任,也因此产生了矛盾。

有一次,远在辽东的公孙渊派人递降表,孙权一看,高兴极了,马上派张弥、许晏两人去拜公孙渊为燕王。张昭听了,马上阻止,并陈明利害。孙权说不过张昭,觉得面子上过不去,就变了脸,张昭见孙权不听劝告,非常恼火,回府以后,就称病不理国事。孙权对他这样做很生气,干脆派人用土堵住了他的府门,表示永远不再用他为官。张昭看孙权把他家门堵了,非常气愤,他也不示弱,索性在院里用土封住了门,表示永远不出门为孙权办事。

张弥、许晏按照孙权的意图,来到辽东,公孙渊把他俩给杀了。

孙权万万没想到真让张昭言中了,他很惭愧,觉得对不住张昭,派人运走了堵在张昭门口的土,几次向他赔礼道歉,可张昭不理。派人前去,都吃了闭门羹。

孙权暗暗责备自己,恨自己办错了事,伤了这位股肱之臣的心。张昭的儿子则连劝带拉硬逼着父亲去见孙权。孙权一看张昭终于出了门,就诚恳地请他到宫中一叙。张昭来到宫里,孙权向张昭承认了错误,并表示今后要尊重他的意见，搞好君臣关系。张昭见孙权这样诚心诚意，满肚子的闷气顿时一扫而光，就又竭尽全力地协助孙权治理国家。

皇甫绩的守信精神

隋代儒学的发展繁盛一时，隋文帝杨坚和隋炀帝杨广都比较重视儒家思想的教化、规束作用。在帝王重儒家思想的推动下，社会上涌现出不少诚实守信的人，皇甫绩就是幼年时接受了良好的诚信教育，后来在仕途赢得了广泛声誉。

皇甫绩是隋代安定郡朝那县人，就是现在的甘肃平凉县西境。他3岁的时候父亲就去世了，母亲一个人难以维持家里的生活，就带着他回到娘家住。皇甫绩的外公韦孝宽见他聪明伶俐，又没了父亲，怪可怜的，因此格外疼爱他。

韦家是当地有名的大户人家，家里很富裕。由于家里上学的孩子多，外公就请了个教书先生，办了个自家学堂，当时叫私塾。皇甫绩就和表兄弟们都在自家的学堂里上学。

外公是个很严厉的老人，尤其是对他的孙辈们，更是严加管教。私塾开学的时候，就立下规矩，谁要是无故不完成作业，就按照家法重打20大板。

皇甫绩很聪明，读书、写文章，他的表哥表弟都不如他，常常受到外祖父的表扬。皇甫绩喜欢下象棋，但下不过表哥，他不服输，私下里反复琢磨。

有一天，皇甫绩要和表哥比下棋，表哥看看天，太阳已经偏西了，说："该上课了，以后再下吧！"

表弟也说："耽误学习，爷爷会不高兴的。"

但皇甫绩苦苦哀求，表哥有些过意不去，心想：皇甫绩从小丧父，跟姑妈回来，爸爸和爷爷都说，凡事要让着他，不要惹他生气。想到这里，就说：

"好吧！咱们快点下完棋就去上课，别让老师等咱们。"

于是，他们三人开始下棋。结果一贪玩，不知不觉就到了下午上课的时间，大家都忘记了做教师上午留的作业。

第二天，这件事被外公知道了，他把几个孙子叫到书房里，狠狠地训斥了一顿。然后按照规矩，每人打了 20 大板。外公看皇甫绩年龄最小，平时又很乖巧，再加上没有爸爸，不忍心打他。

于是，就把他叫到一边，慈祥地对他说："你还小，这次我就不罚你了。不过，以后不能再犯这样的错误。不做功课，不学好本领，将来怎么能成大事？"

表兄们看到小皇甫绩没有被罚，心里都很高兴。可是，小皇甫绩心里很难过，他想：我和哥哥们犯了一样的错误，耽误了功课，外公没有责罚我，这是心疼我。可是我自己不能放纵自己，应该也按照私塾的规矩，被重打 20 大板。

皇甫绩深感内疚，但又不知该怎么办好。他向母亲认了错。母亲对他说："你知错就好，做人一定要诚实，有错勇于认错，勇于改错，才是一个好孩子。"

第二天，皇甫绩去找表哥道歉，并请求表哥代替外公打他20大板。表哥听后，哈哈大笑起来，说："事情已经过去了，以后不要再犯就是了，挨打的滋味是不好受的。"

皇甫绩急了，说："表哥，如果你希望我长大成为一个有用的人，你就给我一个改错的机会吧！这次下棋明明是我的错，我欺骗了自己，而挨打的却是你。我现在知错，要改错，而你又不愿意我改，这样下去，会造成今后的大错的，请表哥三思！"

表哥觉得皇甫绩的话有道理，就顺手拿起树枝轻轻地在皇甫绩身上打了几下。

皇甫绩说："表哥，这样不疼不痒等于没打，也让我下不了改的决心。外公怎样打你，你就怎样打我！"说完，皇甫绩一本正经地趴在凳子上，接着说："这是私塾里的规矩，我们都向外公保证过触犯规矩甘愿受罚，不然的话就不遵守诺言。你们都按规矩受罚了，我也不能例外。"

表兄们都被皇甫绩这种信守学堂规矩，诚心改过的精神感动了。于是，就拿出戒尺打了皇甫绩20大板。打完后，皇甫绩爬起来说："这才是我的好表哥，有罪同受嘛！"

外公听说此事，对皇甫绩的母亲说："这孩子真诚实，将来会有出息的。"

经过了这件事，皇甫绩从此专心读书学习，阅读了大量的经史书籍，渐渐以博学闻名天下。后来，皇甫绩在朝廷里做了大官。由于这种从小养成的信守诺言、勇于承认错误的品德一直没有丢，这使得他在文武百官中享有很高的声望。

隋文帝建立隋政权后，皇甫绩相继任豫州刺史、尚书，后又出任晋州、苏州刺史。在皇甫绩出任苏州刺史时，当时隋代政权刚刚建立，南方社会秩序混乱。590 年，南方士族高智慧在越州发动叛乱，苏州人顾子元响应围攻苏州城。皇甫绩忠于职守，在此苦守 80 余日。

后来，隋将杨素率大军前来支援，击败了叛军，皇甫绩得以解除险境。由于皇甫绩守约坚守苏州 80 多日，为隋军统一江南赢得了时间。南北统一后，朝廷嘉其功，擢为信州总管，指挥十二州军事。

不久，皇甫绩因病请求退休，有诏调他回京，赐他御药。宫中的使者去看望他络绎不绝，相望于道。最后他在家中去世，时年 52 岁。

唐太宗的诚信之道

唐代诚信在古代思想史上占有重要地位。唐代社会对诚信的践诺，是社会稳定、政治清明的重要因素之一，也是唐代经济迅速恢复和发展，并走向强盛的保证。唐代诚信思想与君主的个人素质都有着密切关系，唐太宗李世民就是打造唐代诚信特质的一代帝王。

唐太宗经常跟大臣们在一起谈论诚信，向他们说明要治理好国家必须要讲诚信，要求他们将诚信作为立身和处事的准则。

643 年的一天，唐太宗又跟身边的大臣讨论诚信问题。他先讲了孔子的一段话，说的是孔子的学生子贡问孔子如何治理国家，孔子回答说，要做到粮食充足，军备充足，取信于民，而在这三者之中，孔子首先看重诚信。接着，唐太宗结合历史经验教训，阐发了孔子所说的"民无信不立"的观点。

宰相房玄龄谈了他的体会：仁、义、礼、智、信，这是 5 条行为规范，违反哪一条都不行。能经常实行，大有好处。商纣王违反这 5 条，政权为周武王所夺得。项羽不讲诚信，终为刘邦所败。

唐太宗自己在诚信方面不仅很注意以身作则，还能接受大臣们的监督。

只要大臣向他提意见，他听了不但不觉得丢面子，还会表扬提意见的大臣。

唐太宗在即位之初，曾花大力气整顿吏治，下决心要在官场根治贪污受贿的不治之症。为了侦查那些受贿和将来有可能受贿的贪官污吏，他令亲信暗中向各部官员行贿，结果还真查处了几个贪官。

唐太宗在得意之余把他的谋略告诉一位大臣，没想到这位大臣当场泼了他一瓢冷水，他说："陛下平时总告诫臣民要诚信待人，可陛下自己却先行欺诈之术，上梁不正下梁歪，臣民会一样用欺诈的手段报答你。"

唐太宗不但没发怒，反而认为大臣的话有很深的智慧，便欣然接受了这句逆耳的忠言。他还通过这件事，加深了自己的认识。

又有一次，有个大臣给唐太宗出主意："陛下可以用诈的办法试出忠奸，比如陛下可以佯装发怒以试群臣。如果直言进谏，不怕冒犯圣上，则是正直之人。如果阿谀逢迎，则是佞人。"

唐太宗对他说："我要在普天之下实行诚信，不想以诈道教化臣民。你的话我不想采纳。"

唐太宗为何不采纳用诈道清除佞臣的建议呢？他对大臣封德彝说出了原因："流水是清是浊，取决于源头。国君是政治的源头，臣下好比流水。国君自己行诈术，而要臣下行直道，就好比源头混浊，而望流水清澈，是根本不可能的。我常常因为魏武帝曹操多诡诈，深鄙其为人。像他这样做，政令怎能贯彻呢？"

对犯有过错的大臣，唐太宗总是批评教育，给予改过自新的机会，不一棍子打死。有一次宫中宴会，发生了纠纷。时任同州刺史的功臣尉迟敬德生气地对坐在他上首的人说："你有何功劳，坐在我上首！"

坐在尉迟敬德下首的任城王李道宗劝说尉迟，哪知尉迟对李道宗报以老拳，几乎将其眼睛打瞎。

唐太宗一气之下，宣布中止宴会。他对尉迟敬德说："我见汉高祖刘邦诛灭功臣，常常有责怪他的意思。我想与你们这些功臣共保富贵，想不到你屡次犯法。我才知道韩信、彭越这些功臣被杀，并非汉高祖的罪过。国家的纲纪，就靠赏与罚维持。好自为之，不要后悔莫及。"

遭到唐太宗训斥之后，尉迟敬德改变了许多。

魏徵去世后，唐太宗说过一句很有名的话：

　　人以铜为镜，可以正衣冠；以古为镜，可以知兴替；以人为镜，

可以知得失。

说明他是一位很清醒的君主，接受了强大、富庶的隋帝国一朝覆亡的深刻教训，愿意正视自己的缺点错误，以及施政中的过失，能够自觉地听取臣下的批评意见。

唐太宗听取大臣们的批评意见是很恳切的。他经常要求大臣们对他的过失"明言之"。有一次，唐太宗要群臣向他提意见，群臣这样说道："皇上已经没有过失了。"

唐太宗听了这话，就批评他们说："我有过错，你们应该帮我指出来，好让我改掉这些错误，更好地治理国家。可你们却对我阿谀奉承。我想当面列举你们各位的长处和短处，让你们改掉说奉承话的毛病。"接着唐太宗说

出了在场的每一位大臣的优缺点。大臣们听了，更加佩服皇上了。

唐太宗能比较自觉地以国家法律约束自己，一旦发觉自己的做法违背了法律还能认真进行检讨。有一次，有个叫党仁弘的大将，做广州都督时，贪污了上百万的钱财。这件事被人告发后，主管司法工作的大理寺，将他依法判成死刑。

唐太宗很器重党仁弘，认为他是个非常难得的人才，舍不得杀他。于是便下了一道圣旨，否决了大理寺的判决，改成撤销职务流放边疆的处分。

处理之后，唐太宗心里很不安，感到自己出于个人感情置国家法律于不顾，做得很不应该。于是他把大臣召到一起，心情沉痛地向大家检讨说："法律是皇帝按照上天的旨意批准制定的，皇帝应该带头执行，而不能因为私念，不守法律，失信于民。我因私念袒护党仁弘，赦免了他的死罪，实在是以私心乱国法啊！"

有些大臣正想宽慰唐太宗几句，但唐太宗说完以后却当场宣布，为了这件事，他将亲自到京城的南郊去，住草房，吃素食，向上天谢罪3日。

这一下，满朝的大臣都吃惊了，感到唐太宗为这点事，竟然要这样做，太过分了，于是便纷纷跪下劝阻。房玄龄对唐太宗说："皇帝是一国之主，生杀大权是皇帝掌握的，陛下何必把这件事看得这样重，内疚自贬到这种程度呢？"

唐太宗并没有因为大家的劝说、宽慰而原谅自己。他自责地说："正因为皇帝是掌握生杀大权的，才更应该慎重认真，严格地按照国家法律办事呀！而我却没有听从大理寺依法判决的正确意见，反而不顾法律，一意孤行，这怎么能原谅自己呢？"

天快黑了，唐太宗见大家一直跪在地上阻拦，硬是不让他去郊外，便感慨万分地说："你们不要跪在地上了，快起来吧！我决定暂时不到郊外向上天谢罪了。但是，一定要下诏书，把自己的罪过公布于天下！"说着就毅然拿起笔来，写了一道"罪己诏"。

唐太宗在"罪己诏"中检查说道：

我在处理党仁弘之事上，有三大过错，一是知人不明，错用了党仁弘；二是以私乱法，包庇了党仁弘；三是赏罚不明，处理得不公正。

唐太宗向大臣们宣读之后，立即下令，将他的"罪己诏"向全国的臣民公布。

唐代张说不作假证

唐代政治家提倡诚信为国之本，国家强大也在于有信有礼，这些都发展了唐代政治诚信理念。唐代著名政治家、文学家和诗人张说就做到了对自己自信和对他人讲诚信。

张说是宰相魏元忠的部下。魏元忠曾经为贞观之治向开元盛世的顺利过渡起了一定的积极作用。张说为人正直，不畏权势，不替权奸作伪证陷害忠良的行为，表现出高尚的品格。

张说不作伪这件事，还要从武则天当政时说起。

在 690 年，武则天即位，她最宠幸的"两张"即张昌宗和张易之，这两个人十分奸佞，权势很大，满朝文武都怕他们三分。可是宰相魏元忠却不把他们放在眼里。

魏元忠还在洛州当刺史的时候，张易之的一个仆人仗势欺人残害百姓，洛阳官员因他是张易之的人，谁也不敢处置他。魏元忠知道了此事就把他抓起来，作了重处。张易之从此怀恨在心伺机报复。

魏元忠当了宰相以后，武则天想把张易之的弟弟张昌期任命为长史。一些大臣为了迎合武则天都称赞张昌期能干，魏元忠却说张昌期不适合当此重任，武则天因此就没有提拔张昌期。

经过这件事，张昌宗、张易之更把魏元忠视为眼中钉，千方百计想把他除掉。他们就在武则天面前诬告魏元忠，说魏元忠曾经在背后说："太后老了，不如跟太子靠得住。"

武则天一听大怒，把魏元忠给抓起来打进了监牢，还要亲自审讯，并要张昌宗、张易之当面对证。

张昌宗怕此事败露，又想出一个毒计，想找一个假证人陷害魏元忠。他们想来想去，最后物色到魏元忠的部下张说。他派人把张说找来，逼迫他答应此事，并答应他事成之后，不仅重赏，还要提拔他。

张说明知魏元忠冤枉，但是又害怕张昌宗等人的权势。思想斗争得很厉害，他知道这将关系到他个人的生死存亡。

第二天，武则天上朝，召集文武官员、太子和宰相，要张昌宗和魏元忠当面对质。魏元忠原本没有此事，自然坚决不承认。魏元忠就同张昌宗争论起来，半天没有结果。

这时，张昌宗就对武则天说："魏元忠部下的张说就听到过这些话，可以把他找来作证。"

武则天立刻传令让张说进宫。其实官员们都知道发生了什么事，知道张说受到了胁迫，听说张说要上朝作证，大家都非常担忧。

这时，右丞相宋璟见到张说，对他说："此事关系甚大，千万不要附和奸臣，陷害好人啊！一定要说真话，即使得罪了皇上，被流放脸上也光彩。一个人的名誉是最可贵的。"

史官刘知幾也提醒张说道："不要玷污你的清白，不要连累后代子孙啊！"

张说心里早就拿定了主意，他不慌不忙地上了朝堂。

武则天两眼盯住张说，问道："你听到魏元忠诽谤朝廷的话了吗？"

魏元忠一见张说，就说："张说你要分辨是非，千万别跟张昌宗一起陷害我。"

张昌宗在旁边威胁催促张说说："你别去理他，不要害怕，赶快大胆作证！"

张说一见这种情景，就势向武则天说道："陛下请看，在陛下您面前，张昌宗还敢这样胁迫我，可以想见他在宫外是怎样霸道了。我不能不说实话了，我确实没有听到魏元忠说过反对陛下的话，是张昌宗逼迫我来做假证人的。"

张昌宗一见张说变了卦，气急败坏地叫了起来："好你个张说，你是魏元忠的同谋犯！"

武则天是个聪明的人，听了张说的话，明知魏元忠的确冤枉，但她又不愿让张昌宗他们下不了台，就斥责张说说："你真是反复无常的小人。"并下令把张说也抓起来。

事后，武则天又多次派人审讯张说，可是张说已经横下一条心，坚决不作伪证。耿直的张说保住了魏元忠。武则天虽然没有抓住魏元忠谋反的证据，但她还是偏心，撤了张说的职务，又把张说判了流放罪。

不久，唐玄宗当政。宰相张柬之和一些官员把张昌宗和张易之等都抓了起来。由于张说以诚为本，尊重事实，不作假证，在朝廷大臣中获得了很高的声誉。

张说在流放期间，精心构思了一组诗，题名为《五君咏》，咏赞初唐名臣魏元忠、苏瑰、李峤、郭立振、赵彦昭五人。其中的一首《魏齐公元忠》写道：

> 齐公生人表，迥天闻鹤唳。
>
> 清论早揣摩，玄心晚超诣。
>
> 入相廊庙静，出军沙漠霁。
>
> 见深吕禄忧，举后陈平计。
>
> 甘心除君恶，足以报先帝。

张说找到同事的儿子苏颋，请他把《五君咏》转交给当今皇上唐玄宗李隆基，以明心志。苏颋看后，当堂呜咽流涕，悲不自胜。等上朝时，他就在唐玄宗面前盛赞张说。最后，沦落荒蛮之地的大臣张说再次回到朝中。

阳货欲见孔子

阳货①欲见孔子，孔子不见，归孔子豚②。孔子时其亡③也而往拜之，遇诸涂④。谓孔子曰："来！予与尔言。"曰："怀其宝而迷其邦⑤，可谓仁乎？曰：不可。好从事而亟⑥失时，可谓智乎？曰：不可。日月逝矣，岁不我与⑦！"孔子曰："诺，吾将仕矣。"

【注释】

①阳货：又叫阳虎，季氏的家臣。

②归孔子豚：归，通"馈"赠送。豚，小猪。赠给孔子一只熟小猪。

③时其亡：等他外出的时候。

④遇诸涂：涂，通"途"，道路。在路上遇到了他。

⑤迷其邦：听任国家迷乱。

⑥亟：屡次。

⑦与：在一起，等待的意思。

【解释】

阳货想见孔子，孔子不见，他便赠送给孔子一只熟小猪，想要孔子去拜见他。孔子打听到阳货不在家时，往阳货家拜谢，却在半路上遇见了。

阳货对孔子说："来，我有话要跟你说。"阳货说："把自己的本领藏起来而听任国家迷乱，这可以叫做仁吗？不可以。喜欢参与政事而又屡次错过机会，这可以说是智吗？不可以。时间一天天过去了，年岁是不等人的。"

孔子说："好吧，我将要去做官了。"

【故事】

小宗悫智勇捉盗贼

宗悫是南北朝时的一名刚强少年。他哥结婚那天，家里宾客盈门，有十几个盗贼也乘机冒充客人，混了进来。

正当前面客厅里人来人往、喝酒贺喜之际，这伙盗贼却已潜入宗家的库房里偷窃起来。有个家仆去库房拿东西，发现了盗贼，大声惊叫着奔进客厅。

霎时，客厅里的人惊得目瞪口呆，不知如何是好。只见宗悫镇定自若，拿起剑，直奔库房。盗贼一见来了人，挥舞着刀枪威吓宗悫，不许他靠前。宗悫面无惧色，举剑直刺盗贼，家人也呐喊助威。盗贼见大事不妙，丢下财物，夺路而逃。

后来，当林邑王范阳迈侵扰边境，皇帝派胶州刺史檀和之前往讨伐时，宗悫自告奋勇地请求参战。

宗悫为宋国打了无数次胜仗，立下许多战功，被皇上封为洮阳侯，实现了他少年时"乘风破浪"的远大志向。

性相近，习相远

子曰："性相近也，习相远也。"

子曰："唯上知与下愚不移。"

子曰："古者民有三疾，今也或是之亡也。古之狂也肆①，今之狂也荡②；古之矜也廉，今之矜也忿戾③；古之愚也直，今之愚也诈而已矣。"

子曰："色厉而内荏④，譬诸小人，其犹穿窬⑤之盗也与？"

【注释】

①肆：放肆，不拘小节。荡：放荡，不守礼。

②廉：不可触犯品行方正而有威仪。本谓棱角，借喻品行端方。

③戾：火气太大，蛮横不讲理。

④色厉而内荏：厉，威严，荏，虚弱。外表严厉而内心虚弱。

⑤窬：墙洞。指盗窃行为。

【解释】

孔子说："人的本性是相近的，由于习染不同才相互有了差别。"孔子说："只有上等的智者与下等的愚者是改变不了的。"

孔子说："古代人有三种毛病，现在恐怕连这三种毛病也不是原来的样子了。古代的狂者不过是愿望太高，而现在的狂妄者却是骄纵放荡；古代骄傲的人不过是难以接近，现在那些骄傲的人却是凶恶蛮横；古代愚笨的人不过是直率一些，现在的愚笨者却是欺诈啊！"

孔子说："外表严厉而内心虚弱，以小人做比喻，就像是挖墙洞的小偷吧？"

【故事】

白圭谈大禹治水

战国时候，有个叫白丹的人，名丹，字圭。在魏惠王属下为大臣，善于修筑堤坝，兴修水利。

有一次他跟孟子谈起大禹治水的事情时，夸口说："如果让我来治水，一定能比禹做得更好。只要我把河道疏通，让洪水流到邻近的国家去就行了，那不是省事得多吗？"

孟子很不客气地对他说："你错了！你把邻国作为放水的地方，结果将使洪水倒流回来，造成更大的灾害。有仁德的人，是不会这样做的。"

白圭谈治水只为自己着想，不为别人着想，这种"己所不欲，欲施于人"的错误思想，是难免要害人害己的。

大禹治水是把洪水引入大海，虽然费工费力，但这样做既消除了本部落人民的灾害，又消除了邻近部落人民的灾害。这种推己及人的精神，值得我们钦佩和效法。

这则故事告诉今人这样一个道理：一个小家，在处理灾难的时候，既要有利于自己，又不要危害邻居。己所厌恶，勿施于人，这才叫有仁爱之心，有君子气度。一个国家，在处理祸患的时候，既要有利于自己的国家，又不要危害邻国，这才叫有仁爱之心，有大国风范。

李义琰大义无私欲

随着唐代社会经济的发展，人们的言利思想日见抬头，在这样的形势下，唐代一批士大夫，进一步强化、发展了儒家义利思想，表现出以天下为己任的大义情怀。李义琰就是其中之一。

李义琰是唐代的魏州昌乐人，就是后来的河北大名。他的先辈是陇西一带的名门望族。622 年，唐代首届科举考试科考，他位列第三，是古代科举史上第一位探花。中进士后，任太原尉。

当时的太原都督叫李勣，他手下属僚官吏都惧怕他的威势，唯命是听，不敢多言半句。而李义琰认为，做人应该真诚，对上对下都应该仗义执言，因而常常当庭与他争辩是非曲直。李勣反而对他的正直敢言的气节很是赞赏。

唐高宗李治麟德年间，李义琰升为白水县令，多有政绩，有"能吏"之名，朝廷于是提拔他为司刑员外郎。

李义琰博学多识。唐高宗每有事要征求意见，李义琰都畅所欲言，所言有智谋有见识，常常切中要害。循例升为中书郎，后来晋升为同中书门下三品，兼任太子右庶子。

唐高宗第六子李贤，在胞兄李弘去世后继立为皇太子。李贤不仅容止端雅，而且才思敏捷，但自立储君后与母后关系紧张，后来以谋逆罪被废为庶人，流放巴州，再后被逼自尽，谥以"章怀"。那些怀恨李贤的人手舞足蹈，弹冠相庆，然而李义琰却不以为然。

李义琰认为，自己身兼太子右庶子，属于太子宫官，有教导太子之责。

性相近，习相远

对于李贤之死，他独自把过失归于自己，常常难过得暗自落泪。

王公大臣们见李义琰总是为这件事自责、难过，都说他心地善良，胸怀道义，是个有忠义之心的人。唐高宗见李义琰既有才能又有义德，就让他做了宰相。

李义琰当宰相的时候，唐高宗因为患头风病，朝廷上的日常事务基本都由武则天处理。也正因为此，武则天的野心开始逐渐膨胀，有不少大臣也开始倒向她这一边，想让武则天执政。

耿直敢言的李义琰似乎并不买武则天的账。有一次，高宗想正式下诏叫武则天管理朝政，李义琰据理力争，高宗才放弃了这个打算。

后来武则天以太后身份为唐中宗李哲摄政，684年，又因中宗不顺从而将其废黜，改立另一亲子唐睿宗。唐睿宗垂拱年间，朝廷想召回李义琰任怀州刺史。但李义琰自知先前曾阻止武后摄政，已得罪武后，就没有应召。

李义琰虽身居高位，但平素生活过得十分节俭，穿的是一般布衣，吃的是粗茶淡饭，住的房子也是又旧又简陋，连一般官员的住房都不如。

李义琰的弟弟、岐州司功参军李义琎见哥哥身为一朝宰相，日子却过得

如此寒酸，心中实在有些不忍，于是劝他重建一所新宅。可是不管怎么劝，他就是不同意。过了些日子，李义琏又去劝他，他还是不答应。

李义琏见哥哥如此固执，就决定自己来替哥哥操办此事，于是他拿出自己的钱，背着哥哥买了建房的木料，选好了地点，准备大兴土木扩建相府。

李义琰知道此事以后，连忙出来阻止，对弟弟说："我侥幸担任了宰相，已是感到十分惭愧，常常觉得自己不太称职。如若再兴建豪华的宅第，贪图舒适安逸这个小利，这不是有很好的道德，只会招来灾祸，到头来是适得其反。"

李义琏不以为然，说道："如今从朝中大臣到地方官员，哪家没有高楼大院？你身为堂堂宰相，却住着如此低矮狭窄之房，岂不是不合情理。"

李义琰听了，仍心平气和地说道："人生在世，生活不可能都尽人意，合不合情理关键是一个'义'字。为人应该以义为先，在品格上追求完美。我为一朝宰相，身为百官之首，倘若迷恋享受，贪图安逸，岂不失去了为官应该遵守的大义，丢掉了做人的美好品德吗？"

李义琏见哥哥如此坚决，又言之有理，劝其建房之事，也就只好作罢了。后来，建房用的那木材年久腐朽，就被丢弃了。

李义琰后来因有足疾，请求退隐，唐高宗批准了，并授以银青光禄大夫荣衔。李义琰即将在东都洛阳附近退隐，很多官员在城门外设宴为他饯行，时人称场面堪比当年汉朝疏广、疏受叔侄的欢送会。

李义琰晚年病故于一丈方园的小屋里。唐高宗闻听此事，叹息不已，下诏书建造殿堂，用以安放其灵位。

李义琰一生秉持为官、做人的大义，敢于直言，胸襟坦荡，心地善良，清廉俭省，不营家业，在当时人们的心目中树立了完美的形象，在中华民族的历史长河中名垂史册。

杜暹常怀律己之心

除了李义琰外，唐代还有杜暹这样心存国家和人民这个大义，保持着廉洁正直的官员。

杜暹是唐代濮州濮阳人，以至孝擢明经第，唐玄宗李隆基时迁监察御史，后拜宰相，擢户部尚书。杜暹初入仕途，任婺州参军，秩满离任赴郑县时，同僚们凑份子为他饯行，送他1万张纸。

当时的纸张很贵，人们常以存多少张纸来表示富有，而且官员迎送时的馈赠属于惯例，不算贪污受贿。可杜暹不为利益所动，只取100张，表示情谊领了，其余全部退还。同僚们都非常赞叹他的廉洁。

唐代的郑县，也就是今天的陕西华县，归华州府管辖。杜暹巧拒馈赠的故事，也被扩散到了华州府。华州司马杨孚听说后颇为好奇，就留心考察杜暹，结果发现杜暹确实清节，遂引为楷模。

不久杨孚升任大理正，主管司法，杜暹因公事获罪，交由法司断罪。杨孚身为大法官，又对杜暹知根知底，就对人说：“如果这个县尉获罪，那么公正清廉之士靠什么来勉励呢？”

不久，杨孚又把杜暹推荐给了宰相姚崇。姚崇罢相后，宋璟继之，杜暹则调任监察御史。杜暹担任监察御史时，负责官员监察工作。

有一次，新疆西北的安西都护府的副都护与西突厥可汗发生矛盾，双方均奏报朝廷指责对方。为了弄清事实真相，朝廷下令杜暹前去处理。杜暹日夜兼程，到达安西。他首先到西突厥可汗那里了解情况。

西突厥可汗按他们的民族礼节，设宴隆重地款待杜暹。在席间，西突厥可汗拿出很多金子作为见面礼赠给杜暹，说：“大人不辞辛苦，远道而来，为我们主持公道，特备薄礼敬上，以表我们的心意。"

杜暹连忙站起身来，推辞说："不可！本官是受朝廷之命前来看望各位，并希望你们和汉族官员能重修前好，和睦相处，共同效命于国家。"

西突厥可汗一片诚心，杜暹仍然推辞再三，以至于双方出现了很尴尬的局面。见此情景，杜暹的随从人员悄悄走到杜暹面前说："大人，您来到这样边远地区，又担负着调解矛盾的责任，可不要冷落了他们。"

杜暹不得已，只好暂时收下了这些赠金。

夜深了，西突厥可汗带着当地的官员们都各自散去。这时，杜暹叫人悄悄地把这些金子埋在自己所住的帐幕下面。

安西的调查工作完毕后，杜暹离开安西。在返程途中，当走到很远的时候，杜暹才写了一封信，派人送回给西突厥可汗。

杜暹在信上说：

性相近，习相远

此次出使，受到贵国热情招待，不胜感激。然天朝使者与金无缘，已将所赠之金埋在所住帐篷下面。

并告之那些金子埋在了帐幕下，请他取出收回。

西突厥可汗看罢，很是吃惊。一面派人把金子挖出，一面携厚礼，越过沙漠，去追赶杜暹。追赶的人一直深入到茫茫的沙漠中也没有赶上，只得遗憾而归。

杜暹"埋金不受"这件事，给当地的少数民族和汉族官员留下了深刻的印象。

杜暹调查返京后，安西方面，副都护郭虔瓘后来病故于任中，接替他的张孝嵩也任满迁为太原尹。杜暹因上次出使安西退还赠金的事，在当地突厥与其他各族人民的心中留下了至深难忘的印象，他们对杜暹的清廉非常敬慕，所以希望杜暹到安西任职。于是，张孝嵩把当地人民这种心情奏明朝廷。

朝廷见此，特任命杜暹为安西副都护。此后，杜暹在安西任职4年，他安抚将士，不怕劳苦，很得少数民族和汉人的拥戴。西域各国，纷纷与唐王朝建立友好往来关系，大唐国威远播。

正所谓"鱼贪饵，容易上钩；人贪利，终落陷阱"。历史从来就不缺贪小失大的例子。如果杜暹接受了同僚送的纸，杨孚焉能推荐他？如果杜暹接受了西突厥可汗的礼金，又怎能做到秉公调查双方的争执？

732年，杜暹任户部尚书。皇上将要巡幸东都，诏令杜暹为京城留守。杜暹因此抽调轮流值勤的卫士，修缮三宫，加高城墙，他亲自巡查从不懈怠。

皇上听说后称赞他说："卿一向清廉正直，而且又勤劳能干。自从担任留守，事事都能尽职，治政使官吏整肃，恩惠能施及百姓。朕心中十分欣慰。"

740年，杜暹在病重弥留之际，对儿子说："我死后，不要收受别人赠送的财物。"

杜暹去世后，唐玄宗下诏封他为尚书右丞相，又派人到他家去帮助办理丧事，并特赐给家属绢 300 匹。此外，尚书省也送去了很多礼物。但他儿子遵照他的遗嘱全都谢绝不受。

杜暹不但早就立下了廉洁为官的誓言，并一辈子践诺了这个誓言。他常怀律己之心，常思贪欲之害，拒绝馈赠，践诺誓言，这种不断地加强自我思想净化，提高拒贪的意识和保廉的意志力，给世人树立了学习的榜样。难怪史家称他"清风肃然"。

性相近，习相远

君子亦有恶

子贡曰："君子亦有恶^①乎？"

子曰："有恶。恶称人之恶者，恶居下流^②而讪^③上者，恶勇而无礼者，恶果敢而窒^④者。"

曰："赐也亦有恶乎？""恶徼^⑤以为知^⑥者，恶不孙^⑦以为勇者，恶讦^⑧以为直者。"

【注释】

①恶：厌恶。

②下流：下等的，在下的。

③讪：诽谤。

④窒：阻塞，不通事理，顽固不化。

⑤徼：窃取，抄袭。

⑥知：同"智"。

⑦孙：同"逊"。

⑧讦：攻击、揭发别人。

【解释】

子贡说："君子也有厌恶的事吗？"孔子说："有厌恶的事。厌恶宣扬别人坏处的人；厌恶身居下位而诽谤在上者的人；厌恶勇敢而不懂礼节的人；

厌恶固执而又不通事理的人。"

孔子又说："赐，你也有厌恶的事吗？"子贡说："厌恶抄袭别人的成绩而作为自己的知识的人；厌恶把不谦虚当做勇敢的人；厌恶揭发别人的隐私而自以为直率的人。"

【故事】

魏万求学千里追李白

魏万，改名炎，后名颢，曾隐居王屋山，故号王屋山人。年轻时魏万非常崇拜"诗仙"李白，在744年，他决定并立即出发，开始了他对李白疯狂的追寻。

他从王屋山出发，日间行走，夜里则焚香沐手，抄录李白诗卷。并在住宿、吃饭、喝茶时都故意议论李白，希望能够打听到李白的行踪。只要魏万听说李白在哪儿，他就会急忙赶过去。可是魏万刚到，人家告诉他李白已经走了，真可谓是"一个后脚到，一个前脚走"。

就这样，从黄河流域经几千里地，来到江南。又寻踪转会稽、下明州、奔天台、往永嘉、入缙云，还是追不上李白。

但是，魏万没有泄气，在畅游仙都后，又北上金华……从江南又追寻回江北。直至745年春，他才与李白相遇于广陵。魏万见到李白，一身风尘、泪流满面、扑倒在地，双手捧上自己花了一年时间写成的四十八韵的《金陵酬李翰林谪仙子》，请李白指正。接着头也没抬，就叙述了一年多来追赶李白的艰辛以及沿途所见的风光。

李白被魏万数千里相访所感动，结合自己与魏万的共同游历，一气呵成写就了一百二十韵长诗——《送王屋山人魏万还王屋》以赠别。

李白见魏万诚挚忠厚，年轻有为，把自己的全部诗稿交给魏万，让他编成集子。后来魏万中了进士，不负李白重托，编出了《李翰林集》，还饱含热情地为诗集作序。

冼夫人一心为国而操持

儒家治国精神发展到隋代，在爱国精神的感召下，出现了冼夫人这样一心为国事的杰出女性，她是"克己奉公"的又一种典型范例。

冼夫人出生于广东高凉一个姓冼的大族中。她的祖先历代都是南越首领，辖地千里，统属部落十余万家。夫人在童年时就练就了一身过硬本领。她熟习经文，知诗识礼，软硬武器，样样精通。因此，夫人于少年时代就能指挥部队行军作战，南越各部落对她都非常敬佩。

她为人正义、乐于助人，常常规劝自己家人及亲友，要讲究礼义，取信于民，为乡里群众多做善事。俚人喜欢打斗，常常互相攻击。夫人的哥哥冼挺，当年担任南梁州刺史官职，常常发兵侵掠附近州郡的部落，弄得岭南一带不得安宁，群众叫苦连天。

夫人对哥哥冼挺进行反复劝阻，最终使冼挺转变态度，平息了争端，消除了各部落之间的怨恨情绪。从此，岭南各族和睦相处。夫人的威望也更高了，她的影响也越来越大。不久，她便从冼氏家庭中接替了俚族大首领的职位。

535年，罗州刺史冯融，闻说高凉俚洞冼氏部落出了一位年青的女首领，文武双全，品貌兼优，便亲自上门拜访。冯融在俚洞首领府内，只见冼首领仪表大方，态度从容。他与冼首领谈及时政及军事等诸问题时，冼首领对答如流，而且言辞精辟，智辩纵横。冯融十分钦佩，赞叹不已。他即托媒说亲，要给自己时任高凉太守的儿子冯宝娶媳妇。

冼首领由于自幼熟习经文，初步领略了汉族文化，也想借助王朝的行政法规，改革俚人社会陋习，提高俚族威望，发展自己的地方势力。因此，这位年青的冼氏俚族大首领，冲破民族偏见，毅然接受了冯融的聘礼，与其子高凉太守冯宝缔结婚姻。

常言道：家有贤妻，夫无横祸。若将这句话用在冯宝与冼夫人夫妇身上，是再贴切不过了。因为这个联姻是非常成功的。

冼夫人在婚后不久，就开始约束部众，学习汉族礼法，每与冯宝一同听决诉讼，不论是谁，哪怕是首领，哪怕是亲戚，只要犯法，决不宽贷。从此，"政令有序，人莫敢违"。从此，冼夫人从土族首领，踏着婚姻的跳板，成了当地半官方的政治领袖。

南梁末年，长江下游陷入了"侯景之乱"的战火之中，高州刺史李迁仕，想借混乱之机割据称雄，独霸一方，举兵谋反。

为了拉拢冯宝和冼夫人一起叛乱，李迁仕请冯宝去议事。冼夫人明知其中有诈，又不能不去，她命令士兵把兵器暗藏于礼品担子中，假装前去会见。

李迁仕听说冯宝夫妻两人手无寸铁带队前来送礼，高兴极了，一点戒备也没有。冼夫人兵临城下，突然人人从担子里抽出武器，杀进城来，一举击破了李迁仕的叛乱阴谋。在关键时刻，冼夫人为反对分裂，

和辑百越

维护梁朝的统一做出了重要贡献。

此后，在陈替梁、隋灭陈的朝代变迁过程中，冼夫人多次挺身而出，稳定了岭南的动荡局面，以至于威信越来越高。

冯宝去世后，岭南又出现了不稳定的局面。有一年，陈朝广州刺史欧阳纥起兵反对陈朝朝廷。为了逼迫冼夫人支持动乱，欧阳纥把冼夫人的儿子冯仆扣在广州作为人质。

冼夫人断然拒绝起兵反陈朝，她说："我一向忠贞保国，到目前已经两代了，不能因儿子的性命而辜负了国家的统一！"

冼夫人一面派兵保卫高凉边境，一面发兵协助陈朝大军平息叛乱，终于从监牢中救出了爱子冯仆。

在维护国家统一事业中，冼夫人不徇私情、一心为国，表现了高尚的品格。陈朝为此封她为中郎将，成为南朝时少数民族中的第一个女将军。

590 年，冼夫人迎隋军进入岭南。不久，番禺人王仲宣起兵抗隋军，岭南眼看面临战乱之中。为现实全国统一，年事已高的冼夫人命孙子冯暄派兵援救隋军。不料，冯暄与王仲宣的一个部将是好朋友，出于私情，冯暄迟迟不出兵。

冼夫人得知缘由，勃然大怒，派人找回冯暄，押进大牢，另派孙子冯盎去助隋军攻打王仲宣。冼夫人自己不顾年迈，亲自披挂上阵，帮助隋军治理岭南。岭南局势再次稳定下来。

事后，隋文帝杨坚册封冼夫人为"谯国夫人"。隋文帝的皇后还赠送她许多首饰与服装。冼夫人的儿孙们在她教育下，始终能够以国事为己任，致力于维护统一。

隋炀帝杨广时，国家政局动荡。当时，冼夫人的孙子冯盎凭借她的威望，控制了五岭 20 多州，占据着广州、梧州、海南岛一带，势力范围很大。有人劝冯盎也割据称霸，自立为南越王。冯盎牢记祖母教导，最终归附了新兴的唐王朝。

冼夫人一生顺应了民族团结、祖国统一的历史潮流，一心一意，忠心为国，保持岭南地区局面的稳定，客观上减轻了老百姓的苦难，功绩是突出的。这种一心为国、赤诚爱民的崇高精神，世代为我国各族人民所敬仰。

姚崇无私为民抗蝗灾

在唐代克己奉公的为政典范中，姚崇是不能不提及的一个重要人物。他是唐代著名政治家，历任武则天、唐睿宗、唐玄宗三朝宰相，是历史上的著名宰相，有"救时宰相"的称号。

在唐玄宗李隆基刚即位的时候，他继续任用姚崇为宰相，整顿朝政，一心想恢复唐太宗时的昌盛局面，把唐中宗时期的混乱局面扭转过来。

就在唐玄宗励精图治，致力于兴盛唐王朝的时候，河南、河北一带发生了一次特大的蝗灾。中原的广阔土地上，到处出现成群的飞蝗。蝗群飞过时黑压压一片，连太阳都被遮没了。蝗群落到哪里，哪个地方的庄稼都被啃得精光。

那时候，人们没有科学知识，认为蝗灾是天降给人们的灾难。再加上有些人有意搞迷信宣传，于是，各地为了消灾求福，都烧香求神。眼看庄稼被蝗虫糟蹋得这样惨，人们拿它一点办法也没有。

灾情越来越严重，受灾的地区也越来越扩大。地方官吏不得不向朝廷告急。由于当时人们缺少科学知识，又有"天命论"的思想，所以有一些大臣认为：这是天降灾祸，人是无法抗拒的。

为了百姓的生活，为了朝廷的大业，姚崇不顾某些大臣的反对，向唐玄宗上了一道奏章，认为蝗虫不过是一种害虫，没有不能治的。只要各地官民齐心协力驱蝗，蝗灾是可以扑灭的。

唐玄宗见姚崇一心为公，正直无私，秉公陈言，十分感动，就立刻批准了姚崇的奏章。

姚崇下了一道命令，要百姓一到夜里就在田头点起火堆。等飞蝗看到火光飞下来，就集中扑杀；同时在田边掘个大坑，边打边烧。

这个命令一下去，汴州刺史倪若水拒不执行。他也写了一道奏章，强词夺理，说蝗虫是天灾，人力是没法抗拒的，还说"除天灾者当以德"，意思是要消除蝗灾，只有积德修行。

姚崇看到倪若水的奏章，十分恼火，专门发了一封信责备倪若水，正言指出："看着蝗虫肆虐，吃掉百姓辛辛苦苦种出的禾苗而不心痛，可恨！今后百姓因无粮而食，流离失所，逃难四方，这又是更悲惨的灾难，这难道就是为官者应该做的事情吗？"

姚崇在信中开导倪若水："身为朝廷大臣，就要替百姓着想，百姓的生活有了保障，大唐江山才会稳固。"同时还严厉警告他说，如果眼看蝗灾流行，不采取救灾灭蝗措施，将来造成饥荒，要他负责。

在姚崇的劝导下，倪若水终于组织百姓除蝗了。很快蝗灾被控制住了，蝗虫被扑杀了许多，大约有 40 万担。百姓的不安情绪很快也被消除了。

倪若水在事实面前信服了姚崇，佩服这位宰相。可是在长安朝廷里还有一批官员，认为姚崇灭蝗的办法，过去从来也没人做过，现在这样冒冒失失推行，只怕闯出什么乱子来。

唐玄宗听到反对的人很多，也有点动摇起来。他又找姚崇来问询。

姚崇从容不迫地回答说："做事只要合乎道理，就不能讲老规矩。北魏、后秦时期也有过蝗灾，当时人们也不敢扑杀，结果就饿死了许多百姓。现在河南、河北积存的粮食不多，如果今年因为蝗灾而没收获，将来百姓没粮吃，流离失所，国家就危险了。"

唐玄宗一听蝗灾不除，要威胁国家安全，也害怕起来，说："依你说，该怎么办才好？"

姚崇说："现在，江山社稷处在灾祸之中，我们不应只想着自己，不然我们会失掉百姓的信任的。大臣们说我的办法不好，陛下也有顾虑。我看这事陛下且别管，由我来处理。"

为了打消皇上的顾虑，姚崇斩钉截铁地说："蝗虫是灾祸，一定要扑杀，老天也帮不了我们。对于可能出现的祸乱，我来承担责任，愿意受革职处分！只要是为公、为民，我死不足惜！"

姚崇感人肺腑的语言，不但深深地感动了唐玄宗，也感动了满朝大臣们，大家被他的一心为公的精神，深深地打动了。

姚崇出宫的时候，有一个好心的朋友劝阻姚崇，让他三思，以免丢掉官职。

姚崇则坦然地说："过去没人做的，并不说明我们不能做，至于我的官职，这算不了什么，如果没有百姓的信服，没有他们的安定、富庶的生活，我这个官职还有什么存在的意义呢？如果我们大唐江山都没有了，那我这个官职，难道还会有吗？"

唐玄宗把姚崇当作自己的心腹大臣，也更加信任他了。唐玄宗亲自拟旨委姚崇以重任，并让他全权负责灭蝗的事务。

由于姚崇考虑到国家的安全、百姓的生活，顶住许多人反对，不顾个人得失，坚决灭蝗，各地的蝗灾终于平息下来。从此，人们更加敬佩这位一心为公、替百姓办事的宰相姚崇了，而他的"救时宰相"的美称也传扬得更广、更远了。

四体不勤，五谷不分

　　子路从而后，遇丈人，以杖荷蓧①。子路问曰："子见夫子乎？"丈人曰："四体不勤，五谷不分，孰为夫子？"植其杖而芸。子路拱而立。止子路宿，杀鸡为黍②而食之，见其二子焉。明日，子路行以告。子曰："隐者也。"使子路反见之。至，则行矣。子路曰："不仕无义。长幼之节，不可废也；君臣之义，如之何其废之？欲洁其身，而乱大伦。君子之仕也，行其义也。道之不行，已知之矣。"

【注释】

　　①蓧：古代耘田所用的竹器。

　　②黍：小米。

【解释】

　　子路跟随孔子出行，落在了后面，遇到一个老丈，用拐杖挑着除草的工具。子路问道："你看到我的老师吗？"老丈说："四体不勤，五谷不分，谁是夫子？"说完，便扶着拐杖去除草。子路拱着手恭敬地站在一旁。老丈留子路到他家住宿，杀了鸡，做了小米饭给他吃，又叫两个儿子出来与子路见面。

　　第二天，子路赶上孔子，把这件事向他做了报告。孔子说："这是个隐士啊。"叫子路回去再看看他。子路到了那里，老丈已经走出门了。

子路说："不做官是不对的。长幼间的关系是不可能废弃的；君臣间的关系怎么能废弃呢？想要自身清白，却破坏了根本的君臣伦理关系。君子做官，只是为了实行君臣之义的。至于道不被人遵行，我早就知道了。"

【故事】

孔子徒弟认字吃饭

一天，孔子师徒三人来到郑国，此时已饥肠辘辘，可是身上一点钱也没有。这时他们看见路旁有家饭店。孔子便让子路和颜回前去请求店主能否给些施舍。

子路和颜回走进饭店，说明来意。店主说："我请你们帮我认个字，认得出就请你们饭吃，认不出，就走人。"说着便写出了个"真"字，二人一看，张嘴答道："是认真的'真'字。"店主一听，抬手赶走了他们。

孔子听了二人的叙述，说：我带你们去，来到饭店，孔子同样说明来意，店主照旧又写了个"真"请他认。孔子说："这个字念'直八'。"

店主听后连忙倒地跪拜，说："先生果然是圣人。"于是，命厨师、伙计好好款待，酒足饭饱之后，店主又以银两相赠，孔子三人上路。

子路和颜回不得其解，向孔子请教。

孔子说："一个简单的'真'字，就连小孩也认得，他叫你们认，是在和你们做文字游戏，考考读书人。你们说是认真的'真'字，那么，既然你们讲认真，就不该白吃人家的饭；店主讲认真，没钱就别吃饭，当然要轰你们。"

隋文帝倡俭施仁政

隋文帝杨坚实现了南北统一后，他认真总结前人廉政的经验，认识到节俭和施仁政是治国最重要的有效途径，于是身体力行，以身作则，大力提倡节俭，广施仁政治国。

隋王朝是在魏晋南北朝长期战乱之后建立起来的。魏晋时期以来，由于战争和分裂，奢侈腐化现象严重。针对这一情况，隋文帝注意以身作则，克勤克俭。隋文帝每天一早，便上朝理政，直至过午还不知疲倦；乘车外出途中，遇到有人上书，便亲自停下来过问。

在生活上，隋文帝规定从帝王到后宫，服饰器用，务求节俭。妃嫔们的衣服，只要能穿，就不换新的；宫人们的衣服脏了，都要洗过再穿；车舆上的东西破了，补补之后再用。隋文帝自己的衣服和用物，也是用坏了随时送去修补，补好再用。

有一天，隋文帝见到太子杨勇的铠甲曾精心地装饰过很不高兴，便把太子叫到跟前，很严厉地告诫他说："自古帝王没有好奢侈而能长久的。你当太子，应该把俭约放在首位，将来才能继承好皇位。"

为了让杨勇时时警诫自己不要奢靡，隋文帝还命人取出一些自己穿过的衣服留在杨勇那里，让他经常观看，以便时刻提醒自己不要奢侈。

有一次，隋文帝身患痢疾，需配些止痢药，要用一两重的胡椒粉，可是，找遍了宫中上下都找不到。

又有一次，隋文帝到灾区视察，他拿着老百姓吃的糠给群臣看，痛苦地责备自己无德，表示今后膳食从简，不吃酒肉。

隋王朝之初，大臣苏威见宫中用银做帐幔的钩子，觉得是过分浪费，于是劝隋文帝注意节俭。隋文帝随即下令：将宫中从北周时期沿用下来的雕饰旧物全部废除。

为了提倡节俭，形成风气，隋文帝还从法律上规定，对挥霍无度者严惩不贷。他痛恨官吏的贪污行为，甚至秘密派人给官吏送贿，一旦接受立即严惩。

隋文帝的儿子杨俊，生活奢侈，被发现，勒令禁闭。大臣杨素认为罚得太重，隋文帝说："皇上和百姓只有一个法律，任何人犯法都要按法律办事。照你说来，为什么不另造皇子律？"

由于隋文帝能厉行勤俭，使当时社会上也出现了俭朴之风。一般士人平日多穿布帛，装饰品也只用铜、铁、骨、角制造，不用金玉，为国家节省了大量的金钱和物资。同时，政治较为清明，阶级矛盾相对缓和，人民的负担比南北朝时期显著减轻。

隋文帝还广施仁政，采取了许多养民的措施，以此来巩固政权，发展生产，安定社会。隋文帝规定，在特殊情况下，国家的赋役可以免除或缩减。如589年诏令：

故陈之境内，给复十年，余州免其年租赋。

凡是百姓应交的赋税，都根据新政策，每年预先算好数字，造成花名册，按数征收，使官吏无法随意增减。

隋文帝为了与民休息，下令缩短农民服兵役和徭役的年龄。原来是 18 岁成丁，他改为 21 岁。还规定过了 50 岁可以交纳绢帛免役。以前丁男每年服役 30 天，隋文帝把它减少为 20 天，上交国家的绸绢也由每年 4 丈减少为 2 丈。

此外，为了让百姓能够享用山川河湖之利，隋文帝下令不得再封山禁泽。从此，百姓和官府可以共同享有盐池和盐井。凡遭灾荒的地区，还及时赈济。

由于天灾人祸无法预见，需要有长久之策，这就是建立粮仓制。早在 585 年，隋文帝就接受了长孙平的建议，建立义仓。这种丰年积粮，凶年用粮，由群众自理的义仓制是隋文帝的功绩之一。

隋文帝施仁政，还体现为对官员赏罚分明。他认为，为政者赏罚分明，方可谈治国安邦。他很注意对有功绩的官员进行奖励。

开国之初，岐州刺史梁彦光有惠政。隋文帝奖励他小米 500 石和御伞一把，以资鼓励，并诏令全国官吏要以他为榜样。齐州别驾赵轨为官清廉，在州 4 年，考绩连年第一。隋文帝予以奖励，并征召入朝。后续升迁，官至寿州总管长史。

大理寺少卿赵绰，忠于职守，执法一心，多次冒杀身之祸，不奉隋文帝非法杀人之诏，维护了法律的尊严。隋文帝认为赵绰有诚直之心，因此予以奖赏，前后赏赐数以万计。

隋文帝对官吏的要求很严格，他经常派人侦查百官行为，甚至秘密派人给官吏送贿赂，接受贿赂者，不论官职多高，受贿多少，一律查办。

隋文帝还严惩结党营私、离间诬告者。尚书左仆射高颖有文武大略，明达世务，为官竭诚尽节。有人诬告高颖想造反，隋文帝就严厉制裁诬告者。他说："君臣道合，不是爱说别人坏话的人所能离间的。"

隋文帝的仁政还包括对机构的改革。在朝廷，确定了朝廷官制为三省六部制，改变了北周时期仿照《周礼》所实行的六官制。使朝廷发布的政令能够在一定程度上做到比较稳妥，有利于廉政措施的贯彻和执行。

在地方，隋文帝本着"存要去闲，并小为大"的原则，把州、郡、县三级制改为州县二级制，取消了郡一级机构，合并了不少州县。隋文帝又规定：凡是九品以上的地方官，一律由朝廷任免，并每年由吏部进行考核，以便赏罚陟黜。

这样一来，精简了机构，裁减了一批官员，革除了官多民少、机构重叠的弊病，节省了开支，提高了行政效率。

隋文帝还于 598 年诏令废除九品中正制，设立州县学，创立科举制。这虽不是精简机构，不能明显节约开支，但便利于选拔真正的人才，有利于建设一支比较廉洁的官僚队伍。

总之，隋文帝通过节俭与施仁政，使隋王朝的廉政建设大大加强了。不仅促进了社会政治、经济的发展，也将古代勤俭廉政思想推向了一个新的历史阶段，产生了深远的影响。

卢怀慎清正廉洁之风

历史上的盛世一般出现在开朝初期，执政者为了稳定新生政权，大力推行廉政建设，恢复国力，休养生息。唐代的开元盛世，就是由于廉吏们的执政精神，才带来了百业昌盛。开元年间的卢怀慎，也和狄仁杰一样，在我国廉政思想史上留下了重重的一笔。

卢怀慎，经历唐中宗、唐睿宗、唐玄宗三朝，一向注重官德，受到了时人的称赞。

卢怀慎清廉谨慎，生活节俭朴素从不经营资产。他虽然贵为卿相，常常将所得的俸禄和赏赐随手周济亲朋好友。而他的妻子儿女的生活则难免饥寒，他们住的房子因年久失修而不蔽风雨，便拿着帘子遮挡。每天吃饭，不过蒸豆两碗、蔬菜数盘而已。

713年，卢怀慎奉命去东都洛阳主持选才授官，随身用具只有一个布袋。不认识他的人，根本看不出他是一个大官。

卢怀慎在担任黄门监兼吏部尚书期间，薛王李业的舅舅王仙童侵害百姓，御史台调查掌握了他的罪行，已经申报立案，这时李业出面为之请求赦免，于是诏命紫徽省、黄门省进一步核实。

薛王舅舅王仙童暴虐百姓，卢怀慎与姚崇上奏说："王仙童罪状十分明白，如果御史都可以怀疑，那么其他人怎么还能够相信呢？"于是结案。

这件事影响很大，对全国上下那些违法乱纪的人起到了极大的震慑和教育作用，尤其使一些嚣张的贵戚收敛了许多。

卢怀慎在黄门监任上，曾经病了很长时间。他躺在一张薄薄的破竹席上，门上连个门帘也没有，遇到刮风下雨，只好用席子遮挡。

宋璟和卢从愿经常去探望他。卢怀慎平素很器重宋璟和卢从愿，看到他们俩来了，心里非常高兴，留他们待了很长时间，并叫家里人准备饭菜。结果端上来的只有两瓦盆蒸豆和几根青菜，此外什么也没有。

卢怀慎握着宋璟和卢从愿两个人的手说："你们两个人一定会当官治理国家，皇帝寻求人才和治理国家的策略很急迫。但是管理国家的时间长了，皇帝身边的大臣就会有所懈怠，这时就会有小人乘机接近讨好皇帝，你们两个人一定要记住。"

宋璟和卢从愿走后，卢怀慎又抱病写了一个报告，向皇帝推荐了宋璟、卢从愿、李杰和李朝隐几个优秀人才，希望皇帝重用他们。后来，这几个人都在为官过程中发挥了一定的积极作用。

卢怀慎去世，家人在安葬他的时候，因为他平时没有积蓄，所以只好叫一个老仆人做了一锅粥给帮助办理丧事的人吃。

四门博士张星看到这种情况，就上书给唐玄宗李隆基说："卢怀慎忠诚清廉，始终以正直之道处世，对他不给予优厚的赏赐，就不能劝人从善。"

唐玄宗当时将要前往东都洛阳，看了张星的报告，很受感动，立即颁发诏书，予以褒扬。

诏书中说：

已故检校黄门监卢怀慎乃国家之宝，朝廷的济世之才，善于出谋划策，学问德行堪称楷模。和公孙弘辅佐汉室齐等，与季文子弼相鲁国相同。节操与古人相傍，勤俭诚实可以作为榜样。他冰清玉洁，家里没有金银宝物，清贫度日。

我顾念以往岁月，更感深切哀悼。应该像抚恤凌统的遗孤一样抚恤他的遗孤，像表扬晏婴的德行一样表扬他的德行。应该赏赐物品一百段，粮食二百石。

唐玄宗回京师后，有一次打猎，来到一片破旧的房舍之间，发现有一户人家简陋的院子里，似乎正在举行什么仪式，便派人骑马前去询问。

派去人回来报告说："那里在举行卢怀慎的周年祭礼，正在吃斋饭。"

唐玄宗决定赏赐给卢家细绢帛，并因此停止了打猎。在回来的路上经过卢怀慎的墓时，石碑尚未树立，唐玄宗停马注视，潸然泪下。

唐玄宗回到皇宫，看了卢怀慎在病中写给他的报告，对他更加惋惜。诏

四体不勤，五谷不分

命中书舍人苏颋为其撰碑文，并在碑上御笔亲书。不久，又追赠卢怀慎为荆州大都督，谥号为"文成"。

卢怀慎以清正廉洁精神自律，由此带来的唐代百业昌盛、文化繁荣，开元盛世的大唐成为屹立于世界的中华强国就不足为怪了。

狄仁杰历职有德政之风

唐代是封建社会一个昌盛的王朝，其之所以在历史上独领风骚，是和各级官员执政为民分不开的。唐代官员的执政思想与实践，为廉政文化的思想宝库增添了精神财富。在他们之中，唐代武周时期杰出的政治家狄仁杰就是其中之一。

狄仁杰，唐代重要官员。他为官廉洁，刚直不阿，敢于惩恶扬善，历任官职，皆有德政。

狄仁杰以明经出身，初在汴州、并州等地任州郡属官，后由大理寺丞一直做到了同凤阁鸾台平章事。其间也曾数度出任外州刺史、都督。无论何时何地，狄仁杰都能做到廉洁奉公、清俭恤民，因此受到广大人民的崇敬。

唐高宗李治在位的时候，有两位将军不小心误砍了唐太宗李世民陵墓上的一棵柏树。唐高宗闻知后大怒，下诏处死他们。

百官们虽然都知道两位将军罪不当死，但是皇上盛怒之下，都不敢开口说话。只有狄仁杰站了出来，力谏两人罪不当死。

唐高宗十分生气，说道："他们砍了太宗陵墓上的柏树，让我背上不孝之名，我非杀了他们不可！"

狄仁杰答道："汉朝曾有人偷盗皇庙中的玉环，汉文帝盛怒之下，欲灭盗贼九族。有大臣谏道：'如果有人取了皇陵上的一抔土，又当如何处置？'

于是汉文帝打消了灭九族的念头，并且依照当时的法律对之进行了合理的惩处。可见国有国法，凡事应当按照国家的法律来量刑。如果陛下今天因为两位将军误伐一棵柏树便要将他们置于死地，那么后人将如何看待陛下？"

这番话说得有理有据，唐高宗怒气全消，不但免了两位将军的死罪，还将狄仁杰升任大理寺丞，负责管理刑狱。

狄仁杰上任之前，大理寺的官员办事效率很低，积压了大批陈年旧案。而且由于一些办案官员的昏庸贪黩，致使冤枉者甚众。百姓们为了打官司，耗费了大量财力，政府也因此增加了巨额开支。

狄仁杰上任后，为了解除积弊，免去百姓的痛苦，殚精竭虑，夜以继日，在短短的一年之中，就决断积压旧案数起，涉及1.7万人，平均每天判案5例，效率之高，令人震惊，而且判决公正，没有诉冤者。

当时唐高宗有个宠臣叫王本立，被封为左司郎中，常常自恃有皇帝相护，飞扬跋扈，无法无天。许多人虽然对他恨得咬牙切齿，但碍于皇上，谁都让他三分。偏偏狄仁杰不信治不了他。

狄仁杰收集了王本立干坏事的罪证，并一条一条清楚地写奏本上奏皇帝。唐高宗起初想纵容王本立，但是狄仁杰谏道："朝廷虽然缺乏人才，但并不是缺少像王本立这样的败类。如果陛下一定要赦免他，就请降罪于我，以为群臣之戒。"

唐高宗毕竟理亏，也就只好听任狄仁杰处罚了王本立。一时之间，朝廷气象为之一新，再也没人敢胡作非为了。

高宗听从了狄仁杰的劝谏，并让史官把这个案例记录下来，以便流传后世。这不仅是表彰狄仁杰敢于依法直言，给大臣们树立一个榜样，也是唐高宗有意标榜一下自己，给后人树立一个善于纳谏的形象。

狄仁杰清正廉明、善于断案的名声广为传颂。后人还将其办案的故事敷衍成话本《狄公案》，流传至今，并被译成外文，传到西方。

后来，狄仁杰出任宁州刺史。宁州是胡汉杂居区，民情复杂。官府和百姓之间的关系也很紧张。狄仁杰到任后，大力整肃吏治，并以身作则，倡行廉政。同时妥善处理各族关系，深得人心。百姓因此为之立碑颂德。

武则天称帝之后，当时天下承平日久，各级官吏之中，腐败之风渐长，因此武则天常派人巡视各地，严惩贪官污吏。御史郭翰奉命巡察陇右，一路上查处了许多贪赃枉法的官员。

宁州百姓听说此事，生恐郭翰不问青红皂白，伤害狄仁杰，于是纷纷涌上街头等候郭翰一行。等郭翰一入宁州境内，都赞誉狄仁杰的美德，直至郭翰表态，州人方散。狄仁杰之清正廉明，受人爱戴，于此可见一斑。

狄仁杰还多次为民请命，坚持反对权贵们乃至皇帝的贪污腐化的行为。

他在任豫州刺史时，宰相张光辅率大军平息了越王李贞在汝南发动的叛乱。张光辅及其部下恃功自傲，向各地勒索大量财物，百姓深受其苦。狄仁杰坚决不给。

张光辅大怒："你一个州将，难道敢轻视元帅吗？"

狄仁杰毫无惧色，怒斥张光弼杀戮降卒，以邀战功。他的一番话义正词严，掷地有声，张光辅无言以对。豫州百姓因此而免除了许多无理摊派。

有一次，武则天为了造大佛像，不惜花费数百万两银子。当时因朝廷财力不够，又命天下僧尼每天每人出一钱助力。于是僧尼乘机广为化缘，加重了人民负担。

狄仁杰反对这种耗费资财而又扰民的无谓之举，上书劝谏道：

工不役鬼，必在役人；物不天降，终由地出。不损百姓，且将何求？

意思说：造像工程不役使神鬼，肯定会役使民力；造像物品不会从天而降，终究要靠地产出。如果不损害百姓，又能从哪里求得呢？

狄仁杰恳切地指出，百姓接连遭受自然灾害，尚未恢复，给民以时，发展生产才是当务之急，此时服役，有损民力；而且边境又不得安宁，应当省不急之费，万一边境有难，官财既费，人力又尽，真正无以可救，将危及政权稳固。

狄仁杰分析利弊，慷慨陈词，武则天看后，有所感悟，最后终于打消了造大佛像的想法。

武则天晚年，曾听信谗言，助长了专横跋扈、阿谀奉承之风。狄仁杰看在眼里，恨在心中，只想借机煞煞这股邪风。

武则天曾经改国号为"周"，还用自造的"则天文字""曌"取名武曌。字与音合起来的意思是：武则天如同日月当空照。

一天，几个文人跪拜赞颂道："女皇称尊，旷古未有。故而，国家之'国'字也应改成新字，方才有别于前世呀。"

武则天听后降旨道："你等所言极是，那就命你们3天之内把'国'字改好。"

几个文人接旨后，连夜商议，费尽了心机。第二天上朝，三呼万岁之后，一个胖文人出班递上奏本。

武则天一看，见是"武"字，就听胖文人解释道："奏明我主万岁，臣等把'武'字写入'囗'内，寓意是：武家坐镇江山，天下永属武家。"

武则天喜上眉梢，正想嘉奖，忽然见狄仁杰出班，他奏道："启奏陛下，微臣觉得'囚犯'的'囚'字，是把'人'圈在'囗'内，成为囚犯；若把'武'

字圈在'口'内，岂不是想要把陛下变成囚犯？"

武则天听罢，若有所悟，说："狄卿所言极是。这样改'国'，不是图谋不轨吗！"于是，降旨不用胖文人的建议，又让另一个瘦文人改"国"。

瘦文人战战兢兢地跪在地上，说道："启奏皇上，武皇威震天下，理应统治八方，故应把'八方'放在'口'内。"

武则天听了，用手指书空，划着'圀'字。之后，喜笑颜开，说："这个'圀'字，正合朕意！一定好好奖赏你。"

狄仁杰说："陛下，如此改法，更加不妥，把'八方'放在'口'内，岂不是要引八方豺狼入室，意味着国家空虚，八方侵入中原吗！"

武则天一听，怒不可遏，大声喝道："狄卿所言甚是！他们两人妄断圣意，实在大胆，应该处罚。"

胖瘦两个文人吓得面如土色，"扑通"一声，一齐跪在地上说："吾等实在不该如此改'国'，求皇上饶命！"

武则天余怒未消，下令革去他们的职务，摘去乌纱，将他们流放岭南，不准生还。

狄仁杰以大义凛然的气节，智煞谄媚风，勇树正义风，对当时树立良好的社会风尚起了积极作用。

由于狄仁杰在武则天一朝和以前一样，一直秉承公正之心，做人清廉，为官廉政，武则天曾高度赞扬他说："狄仁杰无论是出去当地方官，还是做宰相都干得非常出色。狄仁杰是想让自己成为管仲乐毅那样的名臣，他辅佐君主，想让君主成为尧舜那样的明君。"

狄仁杰一生，称得上是历职皆有德政。因此，千百年来人们一直传颂着他的事迹，把他看作是古代清官的一个代表。

见危致命，见得思义

子张曰："士见危致命①，见得思②义，祭思敬，丧思哀，其可已矣③"

子张曰："执德不弘④，信道不笃，焉能为有？焉能为亡⑤？"

子贡曰："君子之过也，如日月之食⑥焉。过也人皆见之，更⑦也人皆仰之。"

【注释】

①致命：授命，舍弃生命。

②思：反省，考虑。

③其可已矣："见危致命，见得思义，祭思敬，丧思哀"这四方面是立身之大节。作为士，如能做到这些，就算可以了。

④弘：弘扬，发扬光大。

⑤亡：同"无"。

⑥食：同"蚀"。

⑦更：变更，更改。

【解释】

子张说："士遇见危险时能献出自己的生命，看见有利可得时能考虑是否符合义的要求；祭祀时能想到是否严肃恭敬；居丧的时候想到自己是否哀伤，这样就可以了。"

子张说："实行德而不能发扬光大，信仰道而不忠实坚定，这样的人有他不多，没他不少，无足轻重。"

子贡说："君子的过错，如同日蚀月蚀。他犯了过错，人们都看得见；他改正了错误，人们都仰望着他。"

【故事】

刘备直言批许汜

许汜，襄阳人。东汉末年名士，有国士之名，吕布帐下谋士。兴平元年（公元194年）他为兖州从事中郎，与张超、陈宫等背曹操而迎吕布为兖州牧。吕布败亡之后，许汜前往荆州投靠刘表。

刘备和许汜两人推心置腹，无话不谈。有一天，刘备和荆州刺史刘表闲谈，评论当世著名的人物，许汜也在座。当谈到徐州的陈登时，许汜插话说："陈登的文化教养太低了，总也脱不掉一股粗人习气。"

"你有根据吗？"刘备诧异地问。

"当然有。"许汜说："头几年，他在吕布那做事，我去拜访他，他不但不搭理人，晚上自己睡大床，却让我睡在小床上。"

刘备笑着说："他这样做是对的。"

许汜站起来正要分辩，刘备双手搭在他的肩上，诚恳地说："你在外面的名气大，人们对你的要求也就高了。现在兵荒马乱，老百姓够苦的了。你不关心这些，只打听谁家买肥田，谁家买好屋，尽想捞便宜。陈登最看不起这种人。"

刘表大笑说："许汜，你快改掉这毛病吧！"

许汜感到刘备是真诚帮助自己，感激刘备批评人不留情面，并表示要改正自己的缺点。

萧何惜才追韩信

西汉初年虽然实行道家的无为政治，但儒家思想也在汉代初期政治中发挥了不可或缺的辅助作用。而儒家的笃实宽厚美德，在汉代初期体现为崇尚实干，反对空谈的务实精神和实践精神。萧何惜才追韩信的故事，最能说明当时的务实精神。

萧何，西汉王朝开国丞相。他胸怀大汉事业，慧眼识人，重视人才，尤其是在对待韩信的去留的问题上，表现了顾全大局、礼贤下士的胸襟。

那是在刘邦被项羽封为汉王时，刘邦带着人马来到封地南郑，然后拜萧何为丞相，曹参、樊哙、周勃等为将军，养精蓄锐，准备和项羽争夺天下。因为南郑偏处北方，再加上刘邦当时的实力处于劣势，所以部队官兵开始出现了思乡情绪，兵士们都想回老家，差不多每天都有人开小差逃走，急得刘邦连饭也吃不下。

有一天，忽然有人来报告，说萧丞相逃走了。刘邦一听，真像突然被人斩掉了左右手一样难过。没想到一夜过后，萧何却突然回来了，刘邦又气又高兴。

他问萧何为什么也要逃跑，萧何说是去追回了逃走的韩信，刘邦疑惑不解。

萧何所说的韩信，本是淮阴人。淮阴就是现在的江苏淮安。秦代末期著名起义军首领项梁率兵路过淮阴时，韩信去投奔他，在军营里当个小兵。项梁去世后，他便跟随项梁的侄子项羽，项羽见他比一般兵士强，就让他当了个小军官。

韩信好几次向项羽献计，项羽都没有采用。韩信十分失望。后了听说刘邦率部到了南郑，就投奔了刘邦。在这里，刘邦也只给他当个小官。

有一次，韩信犯法被抓了起来，要被砍头。这时，刘邦的一个将军夏侯婴经过，韩信高声喊道："汉王难道不想打出汉中，重建天下吗？为什么要斩壮士？"

夏侯婴闻言大惊。当时刘邦被项羽赶到汉中，就烧掉了入秦栈道，以示自己再无争夺天下之意，这是以退为进的高明战略。这个战略除刘邦集团少数高层了解实情外，极少有人知道，而这个面临死罪的小吏，却一语道出了刘邦之志！

夏侯婴看韩信不比一般人，就命人把他给放了，他还向刘邦推荐。于是，刘邦就派韩信做了个管粮食的小官。

后来，萧何见到了韩信，跟他谈了几次话，认为韩信胸中韬略，实在非比寻常，是个难得的人才，就很器重他，两个人的感情也越来越深。萧何几

次三番劝刘邦重用韩信，但刘邦总是不听。韩信知道刘邦不肯重用他，就趁将士纷纷开小差的时候，也找个机会走掉了。

韩信背长剑驰快马，一路东行，到了第二天夜里，还是没能走出汉中。继续往前走却被一条雨后新涨的河流挡住了去路。他驻马河边，心绪难平，想到自己空学兵书战策，却无用武之地，虽然萧何几番力荐，但刘邦不予重用，实在命运多舛！

韩信正在河边徘徊，忽然听见一个声音在他身后响起："韩公慢走！"

韩信回头，发现竟是萧何，一时间心里五味杂陈，脱口喊了一声："丞相！"

"可追着你了！"萧何喜极而泣，转而一脸怒容地说："韩公为何如此绝情？你我相处数月，竟于一夕离我而去，你于心何忍啊！"

韩信无语，感觉一下子无从说起。良久，他终于叹了口气，道："唉，丞相又何必在意我这么一个无用之人！"

萧何大步上前，双手抓住韩信的胳膊，诚恳地说："公乃天下大才，汉王不听我言，这是我萧何之愧。公且请暂息雷霆之怒，随我回去，我以全家性命力保于你。汉王若再不用，我便与公一同走。公千不念、万不念，只念你我当初一见如故，念我萧何不顾山高水深路险途远，心似火燎，披星戴月，苦寻于公！"

韩信终于忍不住，泪水"哗哗"地流了下来。什么叫作知己，这就叫作知己啊！我韩信再不识相，那还是个人吗？于是说道："丞相真乃大汉忠纯笃实之臣。古人云：'士为知己者死'，丞相既为我生平知己，信敢不倾心从命？从此以后，愿为门下贤士！"

萧何是真正懂得欣赏韩信才能的知己。而就在这一刻，韩信已决定将自己所有的成败与生死托付给萧何，这是他做人的准则。他开心地说："好，你我趁此一轮明月，速速赶回，免得汉王挂念。我急急忙忙地来追你，也没

见危致命，见得思义

有向汉王禀报，汉王一定是急坏了！"

韩信欣然拨马，向前望去，但见朗朗月华，已明晃晃地照亮了前面的路。

萧何追回韩信，就马上来见刘邦汇报情况。刘邦听说萧何追的是韩信，说道："逃走的将军有10多个，没听说你追过谁，偏偏去追韩信，为什么？"

萧何说："一般的将军有的是，像韩信那样的人才，简直是举世无双。您要是准备在汉中待一辈子，那就用不着韩信；要是准备打天下，就非用他不可，您到底准备怎么样？"

刘邦说："我当然要打出汉中！"

萧何说："您如果要怎么做，就赶快重用韩信吧！不重用，韩信这样的大才早晚还是要走的！"

刘邦说："那好吧，我就依你的意思，让他做个将军。"

萧何说："您叫他做将军，还是留不住他。"

刘邦说："那就拜他为大将军吧。"

萧何很高兴地说："您这样才是英明的！"

刘邦叫萧何把韩信找来，想马上拜他为大将。萧何说："拜将是件大事，不能像小孩子闹着玩似地叫他来就来。您决心拜他为大将，要选个好日子，还得隆重地举行拜将仪式才好。"刘邦点头称是。

刘邦要拜将的消息传出后，跟随刘邦多年的将军个个兴奋得睡不着觉，认为这次自己一定能当上大将了。等到拜大将的日子，大家知道拜的大将竟是平日被他们瞧不起的韩信，一下子都愣了。

就在大家震惊之际，韩信已经自信满满地登上了拜将高坛，从刘邦手中接过代表大将军权力的虎符、玉节、金印、宝剑、铁钺等，双方行君臣之礼，祝告天地，剖符结誓。

经过一番庄重的仪式之后，韩信终于正式成为大汉的三军统帅。这一年，韩信年仅23岁，比项羽成为楚国上将军还要小两岁。

拜将结束后，韩信向刘邦详详细细分析了楚汉双方的形势，认为刘邦发兵东征，一定能战胜项羽。刘邦越听越高兴，只后悔没早点发现这个人才。

韩信拜帅后，征战天下，屡建奇功，最后在垓下围住项羽并将其彻底击败，为刘邦建立大汉基业，立下了不世之功。萧何惜才爱才，以礼待之，在月夜之中不辞劳苦，长途跋涉，终于追回韩信，成了贤臣识人、用人、惜人、团结人的千古佳话。

刘秀王霸的君臣情

自西汉武帝时实行"独尊儒术"的文化政策，儒学即与政治结合，并加速在社会中的传播。至东汉时期，东汉诸帝大多都有较好的儒学修养，他们推动了朝廷对儒学的提倡。

东汉王朝开国皇帝刘秀，是历史上著名的政治家和军事家，被誉为"中兴之主"。他身为一介布衣最后能够君临天下，不仅由于他本人具有雄才大略，更因为他能够以宽厚待人的儒学修养，得到一批文臣武将的辅佐。

在刘秀的辅臣中，王霸曾经几次出生入死，全力帮助刘秀兴复汉室，他们之间也由此建立了深厚的君臣之谊。

那是在西汉末年，外戚王莽篡权称帝，搞得民不聊生，各地纷纷举旗造反。公元22年，汉宗室刘秀在宛县起兵响应绿林起义军。

当刘秀率领起义军路过颍阳时，当地人王霸带门客见刘秀，说："将军起义兵，我不自量力，仰慕您的威信品德，愿意在您军中当兵。"

刘秀说："我做梦都在想与有才能有德性的人，一起建立功业呢！"于是热情地接纳了他们。随后转战各地。

刘秀足智多谋，英雄了得，屡战屡胜。王霸随军参战，英勇杀敌，立下了战功。不久，王霸因父亲老弱多病，便辞别刘秀，回家侍奉父亲。临别时，刘秀送与王霸许多金银，并嘱咐他安心在家侍奉父亲，又亲自送王霸很长一段路程，两人洒泪而别。

后来，刘秀带领大军开赴洛阳，中途路过颍阳，便亲自去看望王霸。

王霸深受感动，并请求父亲让他跟随刘秀离家出征。他父亲说："既然刘将军如此仁义重情，如此器重你，你就应知恩图报，你就去吧，参与国家大事，好好地辅佐刘将军，不要半途而废！"

那时候，刘秀还不是最高统帅，被起义军拥为更始皇帝的刘玄，对足智多谋、能征善战的刘秀十分猜疑。刘秀为了躲过杀身之祸，保存实力，便请

求刘玄让他到河北去招抚各州郡的义军，刘玄答应了。于是王霸随刘秀而去。

风云变幻，前途险恶。那时，更始皇帝的权力还没布达到河北。刘秀此去，凶吉未卜，成败难测，并且长途跋涉，人困马乏，十分劳苦疲惫。但这些都没有动摇王霸的意志，他依然忠心耿耿地保护刘秀。

这时，仅有的几个随从人员，担心刘秀成不了大事，

而且受不了艰苦，就纷纷在半路上离开刘秀，不告而别。走掉的人越来越多，人马逐渐稀少。渡过黄河以后，刘秀环顾四周，见身边只剩下王霸和少数几个亲兵，寥寥几人而已。

刘秀良久地凝望着滔滔不息的黄河水，凝望着连绵不断的远山，思绪万千，万分感慨。过了许久才转过身来，拍着王霸的肩头，深沉地说："从颍川出来跟随我的人，只剩你一个了，真是疾风知劲草啊！"云天寥廓，秋风萧瑟，刘秀随口吟道，"风萧萧兮易水寒，壮士一去兮不复还。"

这句话是当年燕太子丹在易水河边送别荆轲去刺秦王时伴乐所歌，表达了无比悲愤慷慨的心情。

王霸忙说："将军，您还有希望。我们不能气馁，只要将军坚持下去，兴复汉室指日可待！"在王霸的劝说激励下，刘秀信心大增，便催马加鞭向前赶去。

刘秀到达蓟县，还没有站稳脚跟，一天，听说盘踞在邯郸的王郎派兵捉拿他，军兵已到了附近。刘秀只好连夜仓促南逃。在南逃路上，王霸尽心竭力地卫护刘秀左右，终于帮助刘秀脱离了险境。

刘秀对王霸说："让我们安心并得以渡河，是你王霸的功劳。"

王霸推辞说："这是您的恩德，神灵的保佑，即使是周武王的白鱼之兆，也不比这强。"

刘秀对部下说："王霸之功成就了我们安全渡河，大概是上天的吉祥之兆。"众人皆以为是。刘秀任用王霸为军正，封关内侯。后来，王霸又亲自带领部队讨平了王郎，缴获王郎的官印。刘秀封王霸为王乡侯。

经过几年征战拼搏，刘秀做了皇帝，成了东汉的开国君主。但他仍然不忘王霸的忠心和才智，更加信任他了，就拜任他为偏将军。后来又改封他为富波侯，向侯，淮陵侯。

王霸始终不忘刘秀对他的知遇之恩和友爱之情，在任何岗位都倍加努力，孜孜不倦，恪尽职守。他亲自同士兵们垒土堆石，治隘口，筑亭障。并且冲锋陷阵，身经百战，为巩固和保卫东汉王朝做出了卓越的贡献。

刘秀是一个聪达多识，仁智明恕，乐施爱人的人，其才能和品德，无愧于一代"中兴之主"的盛誉。在历史上，像他这样知人善任、实现儒家"治国平天下"的君主，是永远值得人们称道的。

马援的笃实品德

由于儒学在东汉时期的传播，儒家笃实宽厚的传统美德得到了进一步继承和发扬，以"实"为标准的笃实品格，被时人看作是行为处世的准则。东汉初期名将、"伏波将军"马援就是一个典型。

马援，他虽然南征北战，屡建战功，但居功不傲，谦虚谨慎，孝悌传家，其高尚的笃实品德修养，被传为佳话。

有一次，马援又打了大胜仗，率军凯旋，将要进都城洛阳，就有许多老朋友前来欢迎慰劳他。在欢迎的人群中，有一位素以谋略才能而名闻朝野的人，名叫孟冀，与马援是很要好的朋友。

马援见到孟冀也和别人一样在祝贺自己，心里感到很不是滋味，于是便对孟冀说："你是一个很富有谋略的名臣，我本期望听听您的金玉良言，指出我的努力方向，您怎么反而像普通人那样说起客套话来呢？"

孟冀听了很窘，一时不知如何应对才好。

马援见他不说话，继续说道："从前，汉武帝时的伏波将军路博德设置7个郡，才加封了几百户。现在我功劳微薄，却享受3000户赋税的领地，实在深感惭愧。这样功小赏大，我真担心用什么行动来报偿！您该用什么谋略来帮助我呢？"

孟冀摇了摇头，说："我还没考虑到呢！"

马援见此情景，接着说："如今匈奴、乌桓还在扰乱北方，我打算主动请求出征。大丈夫应战死沙场，用马草裹着尸体回来埋葬罢了，怎么能安然地在家里等着寿终正寝呢？"

孟冀钦佩地说："你心系边患，豪情不减，确实是一个胸怀壮志的大丈夫，应当像你说的那样啊！"

马援批评孟冀与人同祝，体现了马援处世谨慎、谦逊的优秀品格。马援不说空话，在洛阳仅待了一个多月，匈奴和乌桓又发起侵袭，他主动请求出征，前往北方迎战。这时的马援已经是 62 岁高龄了。

汉光武帝考虑马援年纪大了，不放心他出征。马援见没有下文，直接找到汉光武帝说："我还能披甲骑马，请皇上让我带兵去吧！"说罢，当场向汉光武帝表演了娴熟的骑术。

汉光武帝见他精神矍铄，矫健的动作不减当年，便批准了他的请求。

马援率兵征战在沙场上，但由于他长期辛劳，患了重病，在军中病故。他以自己的实际行动，实现了自己马革裹尸、不死床箦的志愿。

孟冀闻听马援噩耗，悲痛万分，更加钦佩他的高尚情怀，由衷地赞叹道："马援忠勤国事，马革裹尸，令人钦佩，真是一个一心建功立业的男子汉！"

马援不仅严于律己，也严于告诫自己的亲属，积极向上，凡事不可懈怠。他秉承孝悌传家的精神，将兄子

视同己出，严加教诲。

马援哥哥的两个儿子马严和马敦，常喜欢在别人背后议论人家的过失，他很生气，立即写信告诫他们。这封信就是流传至今的《诫兄子严敦书》。

马援写《诫兄子严敦书》的时间，是在他率军远征交趾的时候。在戎马倥偬，军务缠身的非常时刻，他还惦记着子侄的教育。忙中寻暇，万里传书，殷切之情，流于言表，肃严之意，沁人肺腑。

马援在信中说：

我希望你听到人家的过失，能像听到你们父母的名字那样严肃对待。耳朵可以去听，但嘴巴不可以去乱说。好议论别人的长短，拨弄是非，是最可恶的行为，我很讨厌它。

我宁愿去死，也不愿听到子孙有这种可恶的行为。我之所以这样叮嘱你们，就像母亲叮嘱一个将要出嫁的闺女一样，目的是希望你们不要忘记我的告诫。

马援在这封信中，还介绍了自己的两个好朋友，一个叫龙伯高，一个叫杜季良。

龙伯高为人敦厚谨慎，出言皆善，谦和节俭，清廉无私。杜季良为人豪侠好义，忧人之忧，乐人之乐，各色人等皆有交往，他的父亲去世，数郡都有朋友来吊唁。

在马援眼中，龙伯高和杜季良两人都是高尚的人，但马援希望两个侄子向龙伯高学习，而不能像杜季良那样陷入轻薄。这是阅历丰富的马援对晚辈成长过程中的最大观照。

马援认为，学龙伯高则还不失为一个老实谨慎的君子，所谓"刻鹄不成尚类鹜"。因为他笃实周慎，谨严敏行，稳重谦逊，廉洁勤俭，完全符合马援为人的标准。

马援对杜季良的评价则一分为二，杜季良虽然能忧人之忧，乐人之乐，行侠仗义，但结交朋友，其人品不分清浊，这不符合士大夫的保家全身的长久之策。所以马援明确规劝侄儿们务为诚厚谨慎，切勿华而不实，陷于轻薄。所谓"画虎不成反类犬"。

后来，马援的两个侄子果然没有辜负叔父的告诫，改正了自己的缺点，成为被人们称赞的好后生。这说明马援身教言教、孝悌传家的实践是正确的。

马援不爱权势声名，不屑毁誉，老当益壮，马革裹尸，公忠为国，孝悌传家，身教言教，这些精神品质，是我们中华民族的优良传统。马援的精神，滋养着一代又一代中华儿女。

甄宇谦恭能礼让

一个人能够谦恭礼让，也是笃实宽厚的体现，说明他严于律己，并且宽宏大量，以宽厚为美。东汉时期的甄宇就是这样的一个人。

甄宇，东汉初年太学博士。他学识渊博，为人憨厚，谦恭礼让，太学里的学生都很尊敬他。

甄宇从小就特别喜欢读书，对于儒家的经典无所不读。年龄渐长以后，就专门研究孔子编著的《春秋》，在学问上有自己独到的见解，在思想上完全尊奉孔子，在行动上也遵照儒家提倡的道德要求去做，因而在乡里有很好的名声。

汉光武帝刘秀建武年间，朝廷听说甄宇很有学问，又待人宽厚，就把他征召到京城洛阳，任命他为博士。博士是教授官，在当时最高学府太学里任职，

为太学生讲授儒家经典。

古时候，每年农历十二月初八为腊日节，是祭祀百神的日子。每至腊日，汉光武帝都要向太学颁诏，表示慰问，并赏赐每个博士一只羊，以资鼓励。

这一年，又到了腊日节，汉光武帝派大臣到太学里去慰问。大臣宣读诏书说："博士们讲学兢兢业业，焚膏继晷，十分辛苦。现在每位博士赐羊一只，带回家中，与家人团聚，欢度节日。"

诏书宣读完毕，博士们叩谢圣恩。随后，使臣命随从把羊群赶进了太学院中，点过数目，交给太学的长官祭酒，祭酒和博士们高兴地把使臣送出大门外。

祭酒一回到院中，心中就犯了难。原来，皇帝赐的羊大小不等，肥瘦不一。

这怎么往下分发呢？分到肥羊的，当然会高兴，而分到瘦羊的，难免会说分配不公，待人有亲有疏。

祭酒想来想去，也没有想出个万全的办法来。最后，只好把博士们都召集来，让大家商量，想一个众人都满意的方法。

有一个博士说："羊本来就有肥有瘦，如果每人领一只，怎么也不会平均。依我看，不如把羊全都宰了，大家分肉，每人一份，肥瘦搭配，就不存在不合理的事了。"对这个主意，有的人赞同，但多数人不同意，认为血淋淋的肉不好往家拿。

有人主张用投钩的办法来分，也就是抓阄，把大小肥瘦的羊编上号，就凭个人运气来撞。这个主张又引起大家的议论，有人认为这种方法可行，也有人认为不妥。

大家七嘴八舌地吵嚷了老半天，仍然没有商量出一个好办法。这时，站在一边没吱声的甄宇忽然对大家说："大家不必争吵了，我看还是大家各牵走一只吧，我先牵一只去。"说着，他走向了羊群。

甄宇的话引起了大家的注意，一齐望了过去，大家都一齐用好奇而又怀疑的目光注视着甄宇，想看看他到底牵什么样的羊。有的人在心里说：要是这样先下手去挑，把大的挑走了，剩下的给谁呀！

此刻的甄宇心里想的是：为人处世，只有不怕吃亏，敢于吃亏，宁可自己吃点亏去照顾大家情面，才能与人和谐相处，并赢取别人的信任，这样才会使自己处处受欢迎。想到这些，甄宇走到羊群跟前，左挑右选，仔细观看，最后竟把羊群里最瘦最小的一只羊牵走了。

看到甄宇的所作所为，一些存有私心的博士羞红了脸，深深地感到自己不如甄宇品德高尚。人们不再争执了，大家纷纷来到羊群处，你谦我让，各自牵上一只羊，高高兴兴地回家去了。

这件事很快传了出去，京师洛阳城里的人，纷纷赞扬甄宇，还有人给他起了个绰号，叫做"瘦羊博士"。从此，这个带有敬意的绰号就在京师传扬开来，人们都这样称呼他了。后来，这件事被汉光武帝知道了，认为甄宇宁愿自己吃亏，也要让同事高兴，保住大家都不伤面子，实为君子之所为，这样的人是最能让人信赖的。于是，就对甄宇进行嘉奖。

甄宇在利益面前做到了克己让人，这既是做人的一种素质，也是一种智慧，更是做人的一块金字招牌，赢得了世人的赞誉。后来，人们就用"瘦羊博士"这个典故，来形容那些谦恭有礼的人。